Vittorio Azzarà - Roberta Scarpocchi - Federica Vincenti

Viaggio in Italia

Testo di civiltà e cultura italiana per stranieri

Livello intermedio e avanzato

Hueber

3. 2. 1. | Die letzten Ziffern
2002 2001 2000 1999 98 | bezeichnen Zahl und Jahr des Druckes.
Alle Drucke dieser Auflage können, da unverändert,
nebeneinander benutzt werden.
1. Auflage 1998

Gesamtherstellung: Guerra guru s.r.l., Perugia
Printed in Italy
ISBN 3-19-005256-5

Le fotografie della copertina sono di *Aldo Cari.*

Si ringraziano tutti coloro che hanno gentilmente collaborato alla realizzazione del lavoro.

PRESENTAZIONE

"Viaggio in Italia" è un corso di civiltà italiana che tenta un approccio di tipo nuovo alla problematica affrontata. Ogni unità didattica contiene una serie di informazioni sull'Italia, la sua storia, la sua arte, la sua cultura, i suoi problemi politici, economici e sociali.

La novità sta nel fatto che gran parte di tali informazioni sono presentate in forma di dialogo, uno per ogni regione italiana più uno introduttivo, uno su San Marino ed uno sullo Stato del Vaticano. Tali dialoghi sono inseriti in situazioni della vita di ogni giorno e, a parte gli aspetti culturali, sono interessanti dal punto di vista linguistico e lessicale. Infatti contengono, oltre alle strutture grammaticali più importanti, fraseologia, espressioni idiomatiche e modi di dire della lingua parlata.

L'obiettivo del libro è quello di fornire informazioni di civiltà italiana in un contesto vivo e divertente in modo da suscitare l'interesse dei discenti e motivarli ad approfondire la loro conoscenza della lingua, della cultura e della vita italiana. Si tratta di un libro di civiltà che può essere usato in corsi intermedi ed avanzati in modo autonomo o essere affiancato al manuale di italiano. La varietà dei temi trattati, i dialoghi e i vari testi sugli aspetti più interessanti e suggestivi delle regioni italiane, offrono molti spunti per la conversazione e per lo sviluppo dell'abilità sia orale che scritta.

E' chiaro che le unità didattiche non esauriscono i molteplici aspetti della realtà italiana, il che non è possibile a causa dell'enorme ricchezza di opere d'arte, artisti, città storiche e bellezze naturali che caratterizzano l'Italia. Sarebbe anche inutile fornire troppi dati contingenti e notizie di stretta attualità che dopo pochissimo tempo sarebbero già superati ed obsoleti.

L'obiettivo che "Viaggio in Italia" si prefigge è quello di dare conoscenze di base, dati di fondo e competenza linguistica al fine di comprendere meglio la contraddittoria e variegata realtà italiana. Il libro lascia volutamente molti spazi aperti da riempire con ulteriori letture e ricerche effettuate dagli studenti. Tutte le unità didattiche si prestano per relazioni, temi ed esercitazioni. L'importante è riuscire a stimolare lo spirito critico, la curiosità intellettuale e la creatività degli studenti, anche nel confronto tra culture diverse.

Ci auguriamo che questa panoramica sul "Bel Paese" e le sue regioni serva a incentivare l'interesse per l'Italia e gli Italiani, e a dare un piccolo contributo alla conoscenza e all'amicizia reciproca. Buon lavoro!

Gli autori

Il “Paese del Sole”

Leggere

Sabine Pitka è una professoressa di educazione fisica tedesca, appassionata dell'Italia e della lingua italiana. Ha in programma un viaggio in Italia per le prossime vacanze e ne parla con la sua professoressa d'italiano, Beatrice Bergero.

Pitka Non vedo l'ora di partire per l'Italia. Ci vado tutti gli anni e, ogni volta, visito una regione diversa. Quest'anno andrò in Sicilia. Non so perché, ma l'Italia esercita su di me un fascino indescrivibile.

Bergero L'Italia ha sempre attirato gli stranieri. Negli ultimi duemila anni ci sono venuti Greci, Arabi, Normanni, Francesi, Spagnoli, per non parlare dei Germani...

Pitka Si può dire che siano stati i primi turisti.

Bergero Solo che poi non volevano più tornare a casa, volevano restarci.

Pitka E' stato Goethe a dire: "Noi tutti siamo viaggiatori e cerchiamo l'Italia".

Bergero In effetti l'Italia è un paese unico nel suo genere per la conformazione geografica e la sua varietà. Al Sud, in Puglia, per esempio, ci sono delle casette bianche proprio come in Grecia, mentre al Nord, in Alto Adige, si parla il tedesco.

Pitka Sì, l'Italia è il paese dei contrasti e delle contraddizioni. Qualcuno ha detto che gli italiani sono tutto e il contrario di tutto.

Bergero Un famoso scrittore, Ennio Flaiano, ha detto una volta che essere italiani non è una nazionalità, ma una professione.

Pitka E c'è anche un corso di laurea?

Bergero Non è necessario: si eredita, di padre in figlio.

Pitka Comunque a noi tedeschi piacciono gli italiani perché sono così diversi da noi, così estroversi, spontanei, cordiali... Certo, hanno anche qualche difetto, certe volte sono invadenti, presuntuosi, quando vedono una bella straniera cercano subito di rimorchiarla...

Bergero Brigitte Bardot ha detto che gli italiani pensano solo a due cose: la seconda è la pasta.

Pitka Buona come battuta! Comunque è molto difficile dare una definizione degli italiani, così come è difficile per gli stranieri capire la politica italiana.

Bergero In Italia non c'è niente di definitivo, tutto cambia e si trasforma, pur rimanendo tutto uguale. Anche la legge, da noi, è come il barometro: quasi sempre sul variabile.

Pitka L'Italia è la patria di Dante, di San Francesco, di Leonardo, di Armani...

Bergero Sì, ma anche di Machiavelli, di Cagliostro, di Casanova...

Pitka Comunque gli italiani hanno una grande umanità e civiltà. Per questo vorrei conoscere tutte le regioni italiane, i capolavori dell'arte, le città medievali, l'epoca del Rinascimento, la cucina tipica regionale; insomma tutto quello che ha a che fare con l'Italia.

Bergero Per prepararsi al Suo viaggio in Italia, Le posso consigliare un libro pubblicato da alcuni miei colleghi italiani dal titolo "Viaggio in Italia".

Pitka E' una buona idea: vado subito a comprarlo.

Comprendere

☞ ***Scegliete la risposta giusta:***

1. Perché Pitka ogni anno va in Italia?
- ❑ Perché è affascinata dall'Italia.
- ❑ Perché fra tutte le regioni italiane preferisce la Sicilia.

2. Perché negli ultimi duemila anni Greci, Arabi, Normanni, Francesi, Spagnoli e Germani sono venuti in Italia?
- ❑ Per stabilirsi in Italia. sich niederlassen
- ❑ Per turismo.

3. Perché l'Italia è un paese molto vario?
- ❑ Perché si parlano diverse lingue.
- ❑ A causa della sua conformazione geografica.

4. Perché ai Tedeschi piacciono gli Italiani?
- ❑ Perché sono molto diversi dai Tedeschi.
- ❑ Perché avvicinano le straniere belle.

5. Perché la legge italiana è variabile?
- ❑ Perché cambia ogni anno.
- ❑ Perché cambia spesso.

6. Perché Pitka vuole conoscere tutte le regioni italiane?
- ❑ Perché gli Italiani sono un popolo civile e ricco di umanità.
- ❑ Perché ci sono capolavori d'arte, città medievali...

1 estendere

Conoscere

L'origine del nome Italia

Il nome Italia inizialmente indica solo l'attuale Calabria. Secondo alcuni studiosi il nome deriva dal popolo dei Vituli, così chiamato perché adorava i vitelli. Gli antichi Greci cambiano il nome "Vituli" in "Itali" e chiamano quella terra Italia. Con l'arrivo dei Romani il nome Italia viene esteso a tutta la penisola.
Altri etimologi dicono, invece, che "Italia" derivi da "Italoi" che significa "abitanti dei monti". I primi abitanti della Calabria vivevano sui monti. Le due ipotesi, quindi, confermano che il nome proviene dallo stesso luogo.

Baia di Scilla (Foto Peter Barstorfer-Klein)

"... terra di luci e di ombre, di monti e di mare, di nude rocce e di secolari foreste, silenziosa, pensosa la Calabria si estende sulla punta estrema d'Italia..."
(da: "Il Tesoro", Enciclopedia UTET, vol.VIII)

☞ ***Conoscete l'origine del nome del vostro paese?***
Scrivete in breve quanto sapete.

Caratteristiche etniche

Gruppo Mediterraneo

Gruppo Alpino

Gruppo Dinarico

L'aspetto fisico degli Italiani è molto vario come diverse sono le tradizioni culturali e linguistiche.

I gruppi etnici principali sono tre:

- il gruppo mediterraneo, bruno, di bassa statura, vivace;
- il gruppo alpino, castano e di statura media;
- il gruppo dinarico, bruno e di statura alta.

In linea generale i Mediterranei occupano la penisola e le isole; gli Alpini, l'Italia Nord-occidentale; i Dinarici, l'Italia Nord-orientale.

☞ ***Dite quali sono le principali caratteristiche etniche del vostro paese.***

1 Hindernisse bereiten, Pläne durchkreuzen
2 Breite, Weite

Caratteristiche geografiche

Bucht **_Una baia del Sud_**
(Foto Peter Barstorfer-Klein)

Val Senales - Paesaggio alpino
(Foto Peter Barstorfer-Klein)

Paesaggio del Centro Italia
(Foto Aldo Cari)

L'Italia è una penisola che si trova al centro del Mediterraneo. La sua posizione rende la temperatura mite in gran parte del territorio. Per questo motivo i popoli nordici chiamano l'Italia "Paese del Sole".
La penisola italica è divisa dal resto dell'Europa dalle Alpi ed è attraversata in tutta la sua lunghezza dagli Appennini.
1 Le catene montuose ostacolano le comunicazioni e lo sviluppo del territorio in latitudine. 2
Ciò determina grandi differenze ambientali e culturali tra le diverse zone.

☞ ***Dite quali sono le principali caratteristiche geografiche del vostro paese. Si può parlare della vostra terra in generale o è necessario dividerla in zone? Perché?***

Valle d'Aosta

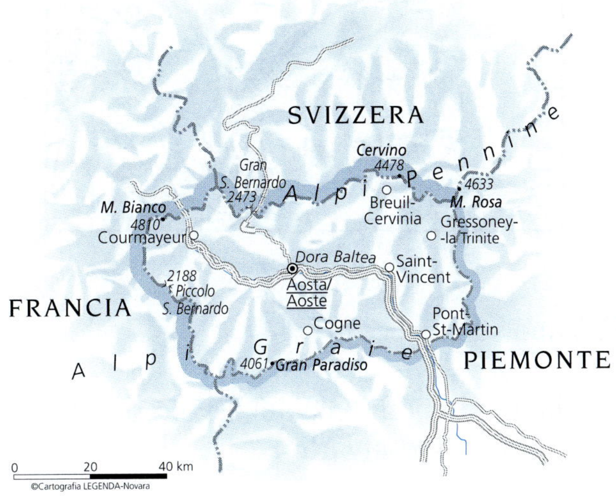

DATI STATISTICI

Province	Superficie (km²)	Popolazione	Densità	N°Comuni
Aosta	3 264	118 556	36	74
VALLE D'AOSTA	**3 264**	**118 556**	**36**	**74**

Leggere

Luca, di Parma, va a trovare in Valle d'Aosta il suo amico Guido, di Courmayeur. Insieme fanno un'escursione nel Parco Nazionale del Gran Paradiso.

Luca Senti, quello là è uno stambecco?

Guido Sì, è uno degli animali più belli. Già nel secolo scorso era in via di estinzione ma, grazie al parco, si è riusciti a salvarlo.

Luca Guarda che salti acrobatici fa! Caspita! E' veramente eccezionale.

Guido Per gli appassionati degli animali il Parco del Gran Paradiso è una pacchia: infatti ci sono camosci, lepri, ermellini, pernici, volpi, marmotte...

Luca Da quanto tempo esiste questo Parco?

Guido Dal 1922. Nel secolo scorso era la riserva di caccia di Vittorio Emanuele II, che era appassionato di caccia come tanti italiani.

Luca E' una fortuna che adesso sia un Parco Nazionale: è senz'altro un segno di civiltà. In Italia ce ne sono alcuni molto belli, anche se pochi.

Guido Certo, i parchi nazionali sono molto importanti per la salvaguardia della natura e della fauna. Però la coscienza ecologica non deve limitarsi a queste oasi in mezzo all'inquinamento generale, allo smog, ai gas di scarico.

Luca Comunque mi sembra che in Val d'Aosta la natura sia ancora intatta, no?

Guido Be', anche qui, in seguito al turismo, sono state costruite strade asfaltate, alberghi, funivie. Anche qui la speculazione edilizia si fa sentire.

Luca Sì, comunque qui il cemento non ha ricoperto tutto come altrove.

Guido E' vero. Per gli appassionati di sci e di alpinismo la Valle d'Aosta ha molto da offrire. Ci sono delle piste magnifiche, c'è la funivia dei ghiacciai...

Luca Ho visto delle foto. Mi piacerebbe farci un giro.

Guido E' unica al mondo nel suo genere. E' lunga 15 chilometri e arriva ad una altitudine di 3.842 metri. Supera un dislivello di 3.300 metri, permettendo di ammirare la bellezza incomparabile dei ghiacciai.

Luca Molti vengono qui a Natale o Capodanno per fare una settimana bianca.

Guido A San Silvestro, in tutta la Valle d'Aosta, si festeggia l'arrivo dell'Anno Nuovo con una fiaccolata. Maestri di sci, turisti e gente del luogo scendono giù per le piste con le fiaccole accese. E' uno spettacolo molto suggestivo.

Luca Di' una cosa! Anche tu sai il Patois, il dialetto francese parlato qui?

Guido Certo, oltre all'italiano, è una lingua ufficiale insegnata già nella scuola elementare; perciò la maggior parte dei valdostani sono bilingui.

Luca A proposito della Francia, mi piacerebbe fare un salto a Chamonix.

Guido Non c'è problema. Prendiamo il tunnel del Monte Bianco che è a quattro chilometri da Courmayeur.

Luca Se non sbaglio, è la galleria autostradale più lunga del mondo, vero?

Guido Infatti. E' lunga quasi 12 chilometri ed è stata inaugurata nel 1965.

Luca La Valle d'Aosta, già al tempo dei Romani, era molto importante come via di comunicazione.

Guido Be', lo è ancora oggi: infatti i passi del Piccolo e del Gran San Bernardo mettono in comunicazione con la Francia e la Svizzera.

Luca Sai dove mi piacerebbe anche andare? A Saint Vincent.

Guido Scommetto che vuoi andare al casinò!

Luca Hai vinto la scommessa. Mi piacerebbe tentare la fortuna alla roulette.

Guido Ma tu sei fortunato al gioco o in amore?

Luca Sia al gioco che in amore.

Guido Allora sei proprio nato con la camicia. Comunque, se vinci facciamo a metà, d'accordo?

Comprendere

☞ ***Annotate, utilizzando parole vostre, il maggior numero possibile di informazioni a proposito di:***

1. Stambecco:

2. Parco del Gran Paradiso:

3. Valle d'Aosta:

4. Funivia dei ghiacciai:

5. Fiaccolata:

6. Patois:

7. Monte Bianco:

Conoscere

I. Breve storia della Valle d'Aosta

La Val d'Aosta fu abitata fin dai tempi più remoti. Nel VI secolo a.C. una tribù gallica, i Salassi, si stabilì in questa regione. Quando i Romani cacciarono i Salassi dal fondovalle, rimasero padroni delle vallate laterali e delle montagne.
I Romani fondarono nel 25 a.C. l'attuale Aosta. Alla caduta dell'impero romano, la Valle fu occupata dai Barbari; poi fece parte dell'impero di Carlo Magno.
Intorno al Mille i piccoli feudatari della Valle cominciarono a combattere tra loro, così l'imperatore l'assegnò in feudo al conte Umberto Biancamano di Savoia.
Biancamano seppe pacificare la Valle e ottenne il titolo di Conte d'Aosta.
Il nono conte di Savoia, Tommaso I, nel 1191 istituì la "Carta delle Franchigie" o "Carta della Libertà" che garantì pace e libertà alla popolazione.
La "Carta" ampliata in seguito da Tommaso II e da Amedeo V di Savoia fu importantissima perché impediva i soprusi. Ogni volta che un Savoia succedeva al predecessore, giurava di rispettare lo Statuto Valdostano e non si aprivano le udienze generali senza rinnovare questo giuramento.
Anche oggi, nell'ordinamento della Repubblica Italiana, la Valle d'Aosta conserva la sua autonomia. E', infatti, una regione autonoma a statuto speciale.

***Lessico contestuale*:**	
remoti	antichi - lontani
si stabilì	stabilirsi = andare a vivere
cacciarono	cacciare = mandare via - allontanare
fondovalle	il fondo di una valle
feudatari	proprietari di feudi (territori)
assegnò	assegnare = dare
garantì	garantire = dare con sicurezza
impediva i soprusi	faceva in modo che venissero rispettati i diritti
succedeva al predecessore	prendeva il posto di colui che l'aveva preceduto
giurava	dichiarava la sicura adesione
udienze	processi

II. Il Parco Nazionale del Gran Paradiso

Il Parco Nazionale del Gran Paradiso si trova per metà nella Valle d'Aosta e per metà nella Valle dell'Orco in Piemonte. E' il primo parco del genere istituito in Italia (1922).
Il territorio è costituito da antiche rocce, da vaste distese di boschi, da prati coperti di rododendri, mirtilli, ginepri e ontani verdi. L'aspetto originario della vegetazione di alta montagna non è stato alterato dall'opera dell'uomo.
Nel parco vengono protette specie di animali rare e in via d'estinzione come camosci, stambecchi, ermellini, marmotte. Ci sono volpi, donnole, faine, lontre, tassi, beccacce, coturnici, aquile reali, falchi, anitre selvatiche.
Un corpo speciale di guardiani è incaricato della custodia del grande parco. Come la fauna, è tutelata anche la flora alpina. Nel giardino botanico di Valmontey, vicino a Cogne, si possono vedere centinaia di specie vegetali presenti nella vasta area del Gran Paradiso.
Sulle cime delle montagne si ammirano circa sessanta ghiacciai che completano il quadro suggestivo di questo parco che è un segno di grande civiltà.
I parchi nazionali più importanti in Italia sono: il Parco Nazionale dello Stelvio, che si trova in Trentino; il Parco Nazionale dell'Arcipelago toscano, che comprende sette isole; il Parco Nazionale del Pollino, che si estende tra la Basilicata e la Calabria; il Parco Nazionale della Maddalena, che è costituito da una quindicina di isole sarde; il Parco Nazionale del Gran Sasso e dei Monti della Laga, che è situato tra l'Abruzzo e il Lazio. Ci sono poi altri parchi in altre località della Penisola.

☞ ***Collegate il nome dei seguenti animali all'immagine giusta:***

1. Stambecco

A

2. Ermellino

B

3. *Camoscio*

Gemse

C

4. *Volpe*

Fuchs

D

5. *Marmotta*

Fischotter

E

6. *Aquila reale*

Königsadler

F

Oltre ai parchi nazionali, in Italia negli ultimi anni sono sorte molte oasi di protezione faunistica.

Leggete il brano tratto dal dossier di Panorama del 10 marzo 1991 "Paradiso ritrovato" di Fabrizio Carbone.

Una, dieci, cento oasi

Le oasi di protezione faunistica.
Sono ormai oltre 50 le zone protette in Italia, scelte in punti strategici per favorire la sosta dei migratori in autunno e in primavera, oppure per proteggere luoghi dove sopravvivono animali rari. Queste oasi, gestite da associazioni ambientaliste private, favoriscono gli spostamenti di animali dal centro dell'area protetta all'esterno e la ricostruzione di ambienti naturali dove la fauna selvatica si rifugia e si riproduce in tranquillità.

☞***Dopo aver letto le notizie sui parchi nazionali e le oasi italiane, dite:***

- se nei vostri paesi esistono parchi nazionali e oasi;
- quali esemplari di fauna e di flora ospitano.

☞***Ritenete che sia importante per una nazione possedere parchi nazionali e oasi?***
Perché?

L'etologo Alleva, a proposito di animali, afferma che il rapporto tra i cittadini moderni e gli animali è di disattenzione e timore ingiustificato.
Leggete i brani tratti da "Aiuto! Ho visto un gufo". "La Repubblica" 15 agosto 1994.

Animali, ecco le paure di chi vive in città
Parla l'etologo Alleva

Aiuto! Ho visto un gufo

«LA GENTE va in vacanza così è libera di vedere a pagamento quello che quando è in città non guarda nemmeno». Enrico Alleva, l'etologo dell'Istituto superiore di sanità che con gli animali è in confidenza da sempre, bacchetta gli italiani in ferie. Quelli che si emozionano per l'«incredibile uccellino» che vedono nel parco e non si accorgono che è la stessa cinciallegra che abita nel giardino sotto casa. [...]

«Quando penso all'incontro estivo tra uomini e animali sento effettivamente una certa preoccupazione. Per gli animali», continua Alleva. «Il fatto è che manca quasi completamente l'alfabetizzazione di base. Invece di cercare un reale rapporto con esseri completamente diversi, l'occasione d'incontro è semplicemente il momento in cui proiettare sugli animali le proprie nevrosi. E allora via con i terrori più strampalati e immotivati. Terrori che spingono a comportamenti aggressivi che qualche volta finiscono per creare veramente dei problemi». . . .

☞ ***Ora specificate se siete / non siete d'accordo con l'etologo Enrico Alleva e dite perché.***

☞ ***Parlate del rapporto che avete con gli animali ed esponete il vostro pensiero relativamente alla vivisezione e all'utilizzo degli animali: nella cosmesi, nella pelletteria, nell'alimentazione, nel lavoro, nei circhi, negli zoo e nell'industria farmaceutica.***

Lederwarenindustrie

Leggete il seguente brano. Si tratta dei risultati di un'indagine che riguarda il rapporto tra giovani e natura. E' tratto da "La Repubblica" del 15 agosto 1994.

VERDI SPERANZE

TRA RADICALI E MODERATI SONO TRE MILIONI GLI ECOLOGISTI UNDER 30. MA CI SONO ANCHE GLI "INCONSAPEVOLI" E I "MODERNISTI"

Giovani e natura un buon feeling

di ANTONIO CIANCIULLO

Lo Iard divide gli intervistati in quattro categorie. La prima è formata dagli «ecologisti radicali» (13,8 per cento, pari a un milione e 800 mila giovani tra i 15 e i 29 anni). Li accomuna l'assoluta priorità assegnata alle ragioni della natura su quelle del progresso tecnologico. Nutrono profonda sfiducia verso il mondo industriale e sono un fenomeno che riguarda soprattutto le grandi aree del Centro-Nord e le città medie del Sud.

Poi ci sono gli «ecologisti moderati» (9,5 per cento, corrispondenti a un totale di un milione e 200 mila giovani) che si riconoscono nello «sviluppo sostenibile», cioè in uno sviluppo che concilii esigenze ecologiche ed esigenze industriali. Sono soprattutto uomini (mentre nel caso degli ecologisti radicali c'è una leggera prevalenza femminile) e la loro presenza è diffusa piuttosto uniformemente.

Infine le ultime due categorie. I «modernisti» (34,9 per cento, pari a 4 milioni e mezzo), che si affidano fiduciosi al mondo e alla cultura industriali (è un fenomeno particolarmente maschile diffuso nelle piccole città e nelle campagne del Centro-Nord) e gli «inconsapevoli» (41,8 per cento, pari a 5 milioni e 400 mila).

☞ ***Dopo aver letto l'articolo scrivete, negli spazi, le caratteristiche dei seguenti gruppi di persone:***

GLI ECOLOGISTI RADICALI

GLI ECOLOGISTI MODERATI

I MODERNISTI

GLI INCONSAPEVOLI Unwissende

☞ ***Voi come vi definireste?***

III. Il fascino della Val d'Aosta

A. I castelli

I castelli della Val d'Aosta sono famosi per la loro imponenza fatta di torri massicce e di mura merlate.
Il castello di Fenis, di epoca medioevale, è ben conservato anche all'interno. L'arredamento e gli affreschi costituiscono un museo di notevole importanza per la Valle d'Aosta.
Il castello di Verrès domina l'abitato dall'alto di una rupe. E' un classico esempio di fortificazione medioevale.
Il castello di Issogne è una residenza molto nota in tutta la regione. E' a pianta quadrata con torri agli angoli. Gli affreschi che si trovano nel portico mostrano scene di vita quotidiana, sono quindi importanti per studi sull'epoca.

Castello di Saint-Pierre

B. I costumi

Nel secolo XIX esistevano ancora i costumi tipici di ogni regione italiana. Si trattava di costumi bellissimi e di valore.
In occasione di grandi feste le donne della Valle d'Aosta indossano ancora splendidi costumi, con colori vistosi e ricamati artisticamente.
Nel Canavese sono famosi gli scialli; nella Valsesia i corsaletti principalmente rossi, gialli e turchesi. Le donne della Valle Anzasca hanno collane e monili d'oro antichi. Nella Val Soana i costumi sono bianchi e neri. Nella Val d'Ossola sono famosi i fazzoletti, di mille colori e disegni, che danno allegria alle feste.

Costumi tipici della Valle d'Aosta

Piemonte

DATI STATISTICI

Province	Superficie (km²)	Popolazione	Densità	N°Comuni
Alessandria	3 560	433 883	122	190
Asti	1 511	209 750	139	120
Biella	913	190 811	209	83
Cuneo	6 903	550 285	80	250
Novara	1 339	339 014	253	88
Torino	6 830	2 224 559	326	315
Verbano-Cusio-Ossola	2 255	161 295	71	77
Vercelli	2 088	182 501	87	86
PIEMONTE	**25 399**	**4 292 098**	**161**	**1 209**

Leggere

Al Salone dell'Automobile di Torino il signor Rossi di Roma fa quattro chiacchiere con il signor Matta di Torino.

Rossi Io sono venuto da Roma per visitare il Salone dell'Automobile e devo dire che ne è valsa la pena. Gli ultimi modelli sono molto interessanti.

Matta Be', Torino è la capitale dell'automobile in Italia da quando, nel 1899, è stata fondata la FIAT, e cioè la Fabbrica Italiana Automobili Torino.

Rossi Comunque, a parte la Fiat, a Torino c'è molto da vedere. Una cosa che vorrei assolutamente visitare è il Museo Egizio.

Matta Ne vale proprio la pena: infatti è secondo solo a quello del Cairo. Fra l'altro c'è la ricostruzione di una tomba egizia molto suggestiva e perfettamente conservata. E' stata scoperta nel 1906 dall'archeologo Schiaparelli.

Rossi La Santa Sindone, cioè il Sudario di Cristo, è conservata nel Duomo, vero? E' possibile vederla?

Matta Viene esposta molto raramente al pubblico. Si può dire che sia la più antica fotografia del mondo: infatti conserva l'impronta del corpo e del volto di Gesù.

Rossi Le devo confessare una cosa: io ho un altro grande desiderio, e cioè quello di andare a vedere giocare la Juve allo Stadio Comunale. Infatti, anche se sono di Roma, sono tifoso juventino da sempre.

Matta Eh, la "Vecchia Signora" è la squadra più amata e ha tifosi in tutta Italia: non per niente ha vinto il maggior numero di scudetti.

Rossi Quando andavo a scuola, il mio sogno era quello di iscrivermi al Politecnico di Torino per poi diventare ingegnere e trovare un lavoro alla Fiat. In questo modo avrei avuto la possibilità di andare allo stadio per vedere la Juve. Ma andavo male in matematica.

Matta Torino ha anche tanti altri vantaggi. Io sono un appassionato di sci e d'inverno vado a sciare al Sestriere che non è lontano ed è una delle stazioni invernali meglio attrezzate d'Italia, anzi d'Europa.

Rossi Il Piemonte offre molto in ogni senso. Ci sono i favolosi tartufi bianchi di Alba, oppure i vini: il Barolo, il Barbera, il Dolcetto, il Barbaresco... sono eccezionali e voglio comprarne alcuni prima di tornare a Roma.

Matta Vedo che Lei è un intenditore di vini. Un buon bicchiere di vino fa bene e aiuta a prevenire le malattie cardio-vascolari.

Rossi Senta, a proposito di vini, che ne dice di andare a prendere un aperitivo in via Po? Lì ci sono dei bei caffè in stile neoclassico che hanno avuto un ruolo importante nella storia italiana, in particolare nel periodo del Risorgimento. Qui, infatti, si incontravano i patrioti italiani che lottavano per l'unità d'Italia.

Rossi D'accordo. Magari un Punt'e Mes, che è un tipico aperitivo torinese. Mi ricordo ancora la pubblicità alla televisione.

Matta Bene. Andiamo!

Comprendere

☞ ***Indicate se le seguenti affermazioni sono vere o false***

	Vero	*Falso*
1. La FIAT è la cosa più interessante da vedere a Torino	❑	❑
2. Il Museo Egizio di Torino è, per importanza, il secondo del mondo	❑	❑
3. E' sempre possibile vedere la Sacra Sindone	❑	❑
4. La "Vecchia Signora" è una squadra di calcio	❑	❑
5. In inverno si può sciare non lontano da Torino	❑	❑
6. Il Piemonte ha molte risorse	❑	❑
7. Nei caffè neoclassici i patrioti d'Italia lottavano per l'unità d'Italia	❑	❑

Torino. La Mole Antonelliana (Foto Peter Barstorfer-Klein)

Conoscere

I. Il Piemonte e il Risorgimento italiano

Giuseppe Garibaldi

Giuseppe Mazzini

Camillo Benso Conte di Cavour

Il "Risorgimento" è un periodo storico che porta l'Italia all'indipendenza e all'unità.
I primi moti (con questa parola si intendono piccole insurrezioni) scoppiano negli anni 1820-21 e sono organizzati dalla Carboneria, un'associazione segreta che ha due obiettivi principali: liberare l'Italia e ottenere una costituzione. Durante i moti molti carbonari muoiono o vengono catturati. Tra questi c'è Silvio Pellico che viene imprigionato nel carcere dello Spielberg. Qui scrive un libro, "Le mie prigioni", in cui narra la sua esperienza in carcere.
Durante il Risorgimento nasce anche un'altra associazione segreta: "La Giovine Italia". Il fondatore è Giuseppe Mazzini (Genova 1805 - Pisa 1872). I suoi principi sono: unità, indipendenza, libertà e repubblica. "La Giovine Italia" prevede la partecipazione del popolo alla rivoluzione, ma il movimento di Mazzini non è capito dalla gente e anche i moti del 1830-40 falliscono.

Nel 1848 scoppia la prima guerra d'indipendenza. L'esercito italiano, con a capo Carlo Alberto della dinastia Savoia Carignano, viene sconfitto dall'Austria.
Nel 1852 Camillo Benso Conte di Cavour (Torino 1810-1861) diventa primo ministro dello stato piemontese. Cavour ha una mentalità aperta e, sotto il suo governo, il Piemonte migliora la sua economia.
In politica estera, il Piemonte si allea con Napoleone III di Francia.
Nel 1859 scoppia la seconda guerra d'indipendenza.
Il Piemonte combatte a fianco della Francia contro l'Austria. Questa volta vince e riesce a prendere la Lombardia. Nel frattempo, nuove insurrezioni scoppiano anche in altre regioni d'Italia. Giuseppe Garibaldi, un condottiero avventuroso, sempre pronto a combattere per l'indipendenza dei popoli, organizza un piccolo esercito di mille uomini e si dirige in Sicilia dove conquista tutta l'isola e il regno di Napoli. Si delinea così lo stato italiano. Anche le Marche e l'Umbria, sotto il dominio del Papato, riconoscono il nuovo stato attraverso plebisciti (votazioni popolari).
Vittorio Emanuele II di Savoia viene nominato primo re d'Italia.
Qualche anno dopo, nel 1866, la terza guerra d'indipendenza porta alla conquista del Veneto e, nel 1870, Garibaldi e i suoi uomini entrano a Roma.
Con la conquista di Roma, il movimento risorgimentale può considerarsi concluso. In Italia si instaura la monarchia che dura fino al referendum del 2 giugno 1946. Occasione in cui votano per la prima volta anche le donne. I risultati del referendum stabiliscono la vittoria della repubblica.

☞ ***I Savoia, esiliati dopo l'instaurazione della Repubblica, oggi chiedono insistentemente di poter tornare in Italia. Al riguardo ci sono molte opinioni contrastanti. Voi credete che sia opportuno farli rimpatriare?***

☞ ***Che cosa pensate della monarchia?***
Quali sono secondo voi i vantaggi o gli svantaggi di tale forma di governo?

II. Torino e la FIAT

La FIAT viene fondata nel 1899 da Giovanni Agnelli. All'inizio produce solo automobili. Poi comincia a produrre anche trattori, camion, autobus, vagoni ferroviari... Oggi la FIAT è la più grande industria italiana di automobili. Vi lavorano 200.000 operai e ha stabilimenti in tutta Italia e all'estero. Torino è diventata la capitale dell'automobile.
In questa città sono emigrati, negli anni '50-'60, lavoratori provenienti soprattutto dal Sud. Torino, però, non aveva case, scuole e ospedali per accogliere un numero così grande di persone. La città offriva un lavoro, ma spesso le condizioni di vita degli operai erano davvero difficili.
Le famiglie vivevano in case piccole e scomode, lontane dal posto di lavoro; lo stipendio degli operai era basso.
Oggi le condizioni degli emigrati sono migliorate. Hanno buoni servizi, case più grandi, stipendi adeguati.
Torino è la città con il più alto numero di abitanti della regione (1.200.000).
Gli emigranti degli anni '50-'60 si sono relativamente amalgamati con i Torinesi.

Torino. Salone dell'Automobile (Foto Peter Barstorfer-Klein)

Nel testo si è parlato di una grande industria italiana: la FIAT. Indicate tre motivi a favore e tre motivi contrari all'industrializzazione.

PRO	CONTRO

Discutetene con la classe.

III. La magia nera

Da alcuni anni, il Piemonte è famoso per la magia nera.
Torino è, infatti, compresa con Parigi e Londra nel "triangolo della magia".

☞ ***Avete sentito parlare di magia nera?***
Sapete chi è Satana?

☞ ***Leggete il seguente articolo:***

□ la Repubblica
mercoledì 14 settembre 1994

l'Italia di satana

GLI ITALIANI E IL DIAVOLO

CHI CI CREDE?
UNO SU DIECI

CHI HA PAURA DI SATANA?
IL 33% DEGLI ITALIANI

COM'È FATTO IL DIAVOLO?
NON HA SESSO NÉ SEMBIANZE 56%
È ROSSO FUOCO 39,7%
ASSOMIGLIA AD UN UOMO 11%
È UN ANIMALE 19,9%

CHE COSA RAPPRESENTA SATANA?
IL MALE 80%

A CHI PIACE SATANA?
I SATANISTI DICHIARATI SONO CIRCA 6.000

DOVE SI ADORA IL DIAVOLO?
CI SONO CIRCA 600 GRUPPI. I PIU FAMOSI SONO:
I BAMBINI DI SATANA LUCIFERIANI • ORDO TEMPLI ORIENTIS • CONFRATERNITA DI EFREM IL GATTO

Un italiano su tre afferma: "Il Diavolo esiste e ho paura"

CON la coda o senza coda. Uomo o animale. Angelo caduto o signore del male. Il diavolo, insomma. Prima o poi, per scherzo o per tormento interiore, ci si fa qualche domanda sulla sua esistenza. E' ben difficile però avere una idea precisa del diavolo nella società contemporanea. Ma la Chiesa da un lato, e gli studiosi di nuove religioni dall'altra, affermano in modo concorde che i gruppi legati all'adorazione o al combattimento di Satana sono in aumento. Le statistiche pubblicate qui a fianco (relative ad un convegno su diavolo tenuto a Torino alcuni anni fa) mostrano che un italiano su due crede nell'esistenza del demonio.

Non esattamente in un demonio in carne ed ossa, ma piuttosto ad una rappresentazione del male, spesso interiore, che può far smarrire la strada. Che sia un'idea simbolica lo dimostra il dato del 56 per cento, nel quale gli intervistati affermano che il diavolo non ha nè sesso nè sembianze. Ma se proprio bisogna immaginare qualcosa ecco il demonio dell'iconografia tradizionale: rosso fuoco, e con una lunga coda. Difficile anche dare un umero agli adoratori di Satana. Sono qualche migliaio divisi in una decina di grandi gruppi dichiarati, e alcune centinaia di gruppi nascosti. Secondo stime della Chiesa invece i luoghi di culto satanico sarebbero 600.

☞ ***Ora dite perché, secondo voi, in una grande città industriale come Torino si crede al diavolo.***

☞ ***Che cosa può significare l'esistenza della magia nera e della magia bianca in una società "avanzata"?***

☞ ***Voi credete alla magia?***

☞ ***E' molto praticata nel vostro paese? In che modo?***

IV. I vini del Piemonte

L'uso della vite in Italia risale al Nord e al Centro alla fine dell'età del bronzo / inizio età del ferro e al Sud e nelle Isole almeno a 2.000 anni prima di Cristo.
Il Meridione dell'Italia era conosciuto ai tempi dell'antica Grecia con il nome di "Enotropia" che significa "terra dove si coltiva la vite".
Le diverse tradizioni e i diversi climi determinano nelle varie regioni italiane differenti identità vinicole.
Una delle zone più importanti per i vini è il Piemonte. Nelle Langhe e nel Monferrato, infatti, ci sono sole e umidità che sono requisiti necessari per produrre vini eccellenti. La vinicoltura piemontese è famosa soprattutto per i vini rossi, anche se ci sono dei pregiati vini bianchi come l'Asti spumante.
Uno dei vitigni più importanti per i vini rossi è il Nebbiolo che prende il nome dalla nebbia caratteristica di questa zona nella stagione autunnale. Con questo vitigno si fanno il Barbaresco e il Gattinara.
Altri famosi vini piemontesi sono il Barbera, il Barolo, il Dolcetto, il Grignolino e il Malvasia.
Per chi vuole fare una degustazione di vini è consigliabile andare in una delle tante enoteche pubbliche che si trovano in tutte le città italiane. La più importante è l'Enoteca Italiana Permanente che si trova nella Fortezza medicea di Siena. Lì ci sono tutti i vini italiani D.O.C. e D.O.C.G.

☞ ***In Italia è molto diffusa l'abitudine di bere vino durante i pasti. Nei vostri paesi si beve vino? In quali occasioni?***

☞ ***Avete assaggiato vini italiani? Se sì, quali preferite?***

Ecco la cartina dei vini italiani:

Lombardia

DATI STATISTICI

Province	Superficie (km²)	Popolazione	Densità	N°Comuni
Bergamo	2 771	932 884	337	244
Brescia	4 784	1 061 860	222	206
Como	1 251	530 340	424	163
Cremona	1 770	330 600	187	115
Lecco	816	301 357	369	90
Lodi	782	189 231	242	61
Mantova	2 339	368 516	157	70
Milano	1 983	3 720 789	1 876	188
Pavia	2 965	493 319	166	190
Sondrio	3 212	177 029	55	78
Varese	1 199	805 825	672	141
LOMBARDIA	**23 872**	**8 910 750**	**428**	**1546**

Leggere

Il signor Romeo di Reggio Calabria è a Milano per affari e ha un appuntamento in Galleria con il signor Brambilla, un suo collega milanese.

Romeo Buon giorno, signor Brambilla, è molto che aspetta?

Brambilla No, anch'io sono appena arrivato. E poi qui in Galleria non mi annoio: c'è vita, c'è movimento, ed è sempre interessante osservare la gente stando comodamente seduti al tavolino di un bar.

Romeo Anche a me, quando sono a Milano, fa sempre piacere fare quattro passi in Galleria. Ci sono negozi, bar, ristoranti. Si vedono qua e là gruppi di persone che fanno quattro chiacchiere o che discutono di politica, insomma è una specie di salotto all'aperto.

Brambilla Senta, che ne dice di prendere prima un aperitivo al "Biffi" e poi di andare a pranzo al "Savini"?

Romeo Lei mi invita a nozze. Al "Savini" si mangia benissimo, e poi è l'ambiente ideale per parlare di affari.

Brambilla Mi sembra che si trovi bene a Milano.

Romeo Milano è una città fantastica: è la capitale dello stile, del design, degli affari, insomma è una delle città più dinamiche del mondo. Per me ogni viaggio d'affari a Milano è una festa.

Brambilla E' vero. A Milano si fa il miglior shopping del mondo.

Romeo I negozi sono splendidi, anche se piuttosto cari. Mia moglie, quando mi accompagna, passa delle intere giornate in via Montenapoleone o in corso Buenos Aires.

Brambilla Be', sono due delle vie commerciali più importanti d'Europa.

Romeo E poi bisogna dire che, anche dal punto di vista culturale, in Italia non esistono solo Venezia, Firenze e Roma. I musei e i monumenti di Milano sono tutti da scoprire. Non c'è solo il Duomo in stile gotico con la sua Madonnina, ma ci sono anche la Basilica di Sant'Ambrogio con lo stupendo altare d'oro, la chiesa di Santa Maria delle Grazie con "l'Ultima Cena" di Leonardo, il Castello Sforzesco, la Pinacoteca di Brera, il Piccolo Teatro, la Scala, ecc.

Brambilla Vedo che Lei conosce bene Milano, la conosce meglio delle sue tasche!

Romeo Per me è la città ideale. Se fossi più giovane, mi ci trasferirei. Comunque mio figlio ha deciso di venire a Milano per frequentare la facoltà di "Economia e Commercio" alla Bocconi.

Brambilla Ha preso la decisione giusta. Infatti i "bocconiani" sono molto ricercati e riescono a trovare lavoro subito. Comunque deve prima superare l'esame di ammissione, no?

Romeo E' sempre stato molto bravo a scuola e quindi dovrebbe farcela. Se però non dovesse riuscire ad entrare alla Bocconi, ci sono sempre altre due università a Milano: la "Statale" e la "Cattolica".

Brambilla Insomma, Lei Suo figlio vuole mandarlo ad ogni costo a Milano.

Romeo Così avrò l'occasione di venirci più spesso, magari insieme a mia moglie che ama molto fare shopping a Milano.

Brambilla Comunque per i milanesi non è tutto rose e fiori. Ci sono anche molti problemi, come per esempio quello del traffico.

Romeo Questa è una nota dolente. Però, hanno cominciato a costruire i parcheggi, chiamati autosilos.

Brambilla Era ora! Verrebbe stasera in un locale tipico di Porta Ticinese dove si suona e si cantano delle canzoni in meneghino, cioè in dialetto milanese?

Romeo Molto volentieri. Il Ticinese è uno dei miei quartieri preferiti, anche perché ha conservato il suo carattere popolare. Lungo i due Navigli, il Grande e il Pavese, ci sono molte osterie, trattorie, cabaret dove si fanno le ore piccole in allegria.

Brambilla Sì, e lì c'è anche il "Vicolo dei Lavandai", in milanese "Vicol de Lavandee", uno degli ultimi angoli romantici della vecchia Milano, della Milano dei Navigli.

Romeo Se dipendesse da me, li riaprirei subito i navigli milanesi. Sarebbe molto più romantico avere dei canali al posto delle strade.

Brambilla E' il prezzo del progresso, signor Romeo. Andiamo a pranzo?

Comprendere

☞ ***Elencate i pro e i contro di Milano:***

MILANO	**PRO**	
	CONTRO	

☞ ***Indicate nella seguente griglia le caratteristiche di:***

LA GALLERIA	**LA BOCCONI**	**IL TICINESE**

☞ ***Dal contesto provate a capire il significato delle seguenti frasi idiomatiche:***

"Invitare a nozze"

"Conoscere meglio delle proprie tasche"

"Ad ogni costo"

"Non è tutto rose e fiori"

"E' una nota dolente"

"Fare le ore piccole"

Conoscere

I. Alessandro Manzoni e "I Promessi Sposi"

Alessandro Manzoni è uno dei maggiori scrittori italiani. Nasce a Milano nel 1785. Dal 1805 al 1810 vive a Parigi dove frequenta l'ambiente degli Illuministi francesi. Dal 1810 fino alla morte vive quasi sempre a Milano e sostiene i moti risorgimentali di quegli anni.
Nel 1861 diventa Senatore del Regno. E' il caposcuola del romanticismo italiano. I due aspetti principali di questo movimento culturale sono: il rispetto della verità storica e la necessità di impegno morale.
Manzoni scrive "I Promessi Sposi" e li pubblica in versione definitiva nel 1845: il romanzo, insieme alla "Divina Commedia" di Dante, è tra le opere più conosciute della letteratura italiana. Tutti gli Italiani conoscono l'inizio di queste due opere e la loro trama. "I Promessi Sposi" comincia così:

> *"Quel ramo del lago di Como, che volge a mezzogiorno, tra due catene non interrotte di monti, [...] viene, quasi ad un tratto, a restringersi, e a prender corso e figura di fiume, [...]"*

La trama de "I Promessi Sposi"

Renzo e Lucia, due giovani contadini della Lombardia del XVII secolo, stanno per sposarsi. Il giorno delle nozze finalmente arriva, ma Don Abbondio, il prete, rifiuta di celebrare il matrimonio perché un nobile signore del luogo, Don Rodrigo, gli ha ordinato di non farlo. In realtà, per Don Rodrigo, questo è solo un gioco, un divertimento come tanti altri. Ha scommesso, infatti, con suo cugino, il conte Attilio, che Lucia non sposerà Renzo.
Così i due per molto tempo non potranno sposarsi, anche perché a Milano, nel frattempo, è scoppiata la peste.
Ma alla fine, dopo molte avventure, Lucia e Renzo realizzeranno il loro sogno.

☞***Ecco dei brevi testi che caratterizzano i personaggi principali de "I Promessi Sposi".***

1) E' il giorno fissato per le nozze e Lucia sta per uscire di casa per incontrare il suo promesso sposo.

"[...] Lucia usciva in quel momento tutta attillata dalle mani della madre. [...] e lei s'andava schermendo, con quella modestia un po' genuina delle contadine, facendosi scudo alla faccia col gomito, chinandola sul busto, e aggrottando i lunghi e neri sopraccigli, mentre però la bocca s'apriva al sorriso [...]".

2) Renzo e Lucia discutono sul modo per risolvere il loro problema.

"Renzo: «Chiacchiere! la finirò io: io la finirò!» interruppe Renzo, questa volta, andando in su e in giù per la stanza, e con una voce, con un viso, da non lasciar dubbio sul senso di quelle parole».

«La farò io, la giustizia, io! E' ormai tempo. La cosa non è facile: lo so anch'io. Si guarda bene, il cane assassino: sa come sta; ma non importa. Risoluzione e pazienza... e il momento arriva. Sì, la faccio io, la giustizia: lo libererò io, il paese: quanta gente mi benedirà...! e poi, in tre salti...!»

«E bene!» gridò Renzo, con un viso più che mai stravolto: «io non v'avrò; ma non v'avrà né anche lui. Io qui senza di voi, e lui a casa del ...»".

3) In queste righe lo scrittore descrive il carattere di Don Abbondio.

"Don Abbondio [...], non era nato con un cuor di leone. Ma, fin da i primi anni, aveva dovuto comprendere che la peggior condizione, a que' tempi, era quella d'un animale senza artigli e senza zanne".

4) Fra' Cristoforo e Don Rodrigo si incontrano. Fra' Cristoforo cerca di convincere Don Rodrigo a rinunciare alla sua scommessa, ma Don Rodrigo gli ordina di uscire subito da casa sua.

"Afferrò rapidamente per aria quella mano minacciosa e, alzando la voce, [...] gridò: «Escimi di tra' piedi, villano, temerario, poltrone incappucciato».

«Villano rincivilito!» proseguì Don Rodrigo: «tu tratti da par tuo. Ma ringrazia il saio che ti copre codeste spalle di mascalzone [...] Esci con le tue gambe, per questa volta, e la vedremo.»"

☞ ***Ora cercate di definire i caratteri dei personaggi, utilizzando uno o più aggettivi della lista:***

- generoso
- autoritario
- sincero
- vigliacco
- deciso
- timido
- prepotente
- modesto
- impulsivo
- timoroso

☞ ***Quali sono le opere letterarie più conosciute nei vostri paesi? Descrivetene la trama e i personaggi principali.***

Renzo e Lucia

II. Il Teatro della Scala

Il Teatro della Scala è il più celebre teatro lirico d'Italia e uno dei più famosi del mondo. Sorge su un'antica collegiata eretta da Regina della Scala, moglie di Bernabò Visconti.
E' un importante edificio in stile neoclassico progettato da Giuseppe Piermarini. La sala è molto vasta e l'acustica perfetta.
Il grandioso teatro è stato inaugurato il 3 agosto 1778 con "L'Europa Riconosciuta" di Salieri. Tra il 1918 e il 1921 è stato sensibilmente migliorato.
Il "battesimo" della Scala è decisivo per la carriera di artisti e autori.
Annesso al Teatro c'è il Museo della Scala, inaugurato nel 1913. Contiene cimeli preziosi per la storia dell'arte musicale italiana.
In occasione dell'apertura della stagione teatrale, la Scala diventa un appuntamento per l'alta società. Lusso ed eleganza suscitano talvolta contestazione da parte di disoccupati, che notano un contrasto netto con il loro tenore di vita, ed ecologisti che si indignano di fronte allo sfoggio di pellicce.

☞ ***Credete che l'arte associata alla mondanità perda di significato?***

☞ ***Secondo voi è giusto che solo pochi "eletti" possano accedere a espressioni artistiche di alto livello? Discutetene.***

Teatro della Scala (Foto Aldo Cari)

III. Milano

Duomo di Milano (Foto Aldo Cari)

Leggete il seguente testo tratto da "Panorama" del 9/11/95.

Milano, caduta libera

Che Milano rimanga «maglia nera», subito dopo Napoli, per la qualità della vita non sorprende a ben vedere. Le cause? Depuratori mai costruiti, fognature a rischio, strade piene di buche o intasate da cantieri, parchi nei quali chi può evita di portare i bambini perché potrebbero infettarsi con una siringa. E un traffico che rende l'aria irrespirabile.

Milano, un tempo grande sirena, da anni non ha un progetto di sviluppo, non riesce ad avere abbastanza asili nido, non trova imprese in grado di riempire i circa 8 milioni di metri quadrati (fra fabbriche dismesse e uffici: l'equivalente di oltre 1.100 campi di calcio) attualmente vuoti. Ma, malgrado tutto, resta sempre la fonte del «pane quotidiano». Un pane dal sapore, in prospettiva, sempre più acido.

Lessico contestuale:	
depuratori	purificatori di acqua o altri elementi
fognature	canali per il passaggio di acque sporche
buche	aperture

./..

intasate	bloccate
i cantieri	stabilimenti e materiali occorrenti per la costruzione di un edificio
infettarsi	contaminarsi
siringa	strumento per iniettare medicine o altre sostanze
asili nido	scuole per bambini al di sotto dei tre anni
malgrado	nonostante
la fonte del "pane quotidiano"	la città che dà un reddito per sopravvivere
in prospettiva	nel futuro

☞ ***In coppia, individuate nel testo i problemi di Milano.***

I MALI DI MILANO
Manzanza di depuratori
Fognature a rischio

☞ ***Trovate uno o più titoli alternativi per questo articolo.***

☞ ***Quali consigli dareste per risolvere o migliorare i problemi di Milano?***

La Galleria. Milano (Foto Aldo Cari)

IV. Il Federalismo

Negli ultimi anni in Italia ci sono stati dei rilevanti cambiamenti nella mentalità della popolazione e nella realtà socio-culturale del paese.

a) Roma dal 1870, dopo Torino e Firenze, è capitale d'Italia, ma la capitale economica ormai indiscussa è Milano.

b) Da un movimento politico nato e cresciuto al Nord, la Lega Nord, si è diffusa l'idea di fare un'Italia federale divisa in tre macroregioni: Padania, Etruria e Sud. E', invece, della Fondazione Agnelli il progetto della creazione di dodici macro-regioni. Eccole qui sotto rappresentate:

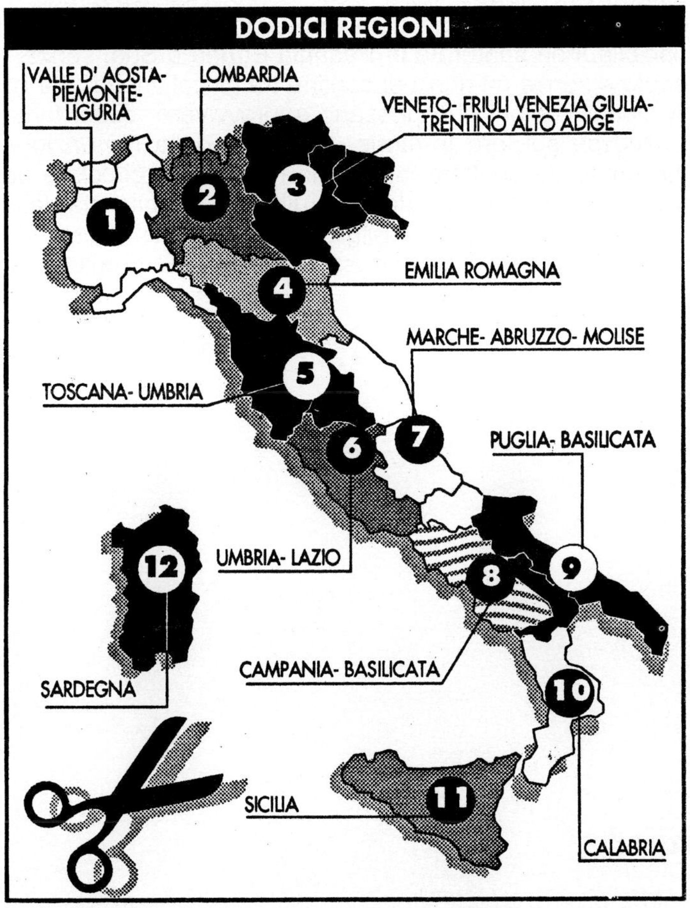

Le dodici macro-regioni individuate dallo studio della fondazione Agnelli

La proposta è l'alternativa moderata alle "macroregioni" di Miglio. E ora anche nella Lega molti la guardano con interesse

Tre Italie? Meglio dodici

Piace il "federalismo soft" della Fondazione Agnelli

di Sebastiano Messina

L'ideologo della Lega nord Gianfranco Miglio

ROMA - "Le dodici regioni? E' una proposta, se ne può parlare". Sì, in fondo persino a Gianfranco Fini - leader di un partito che non ha mai accettato fino in fondo le 20 regioni di oggi - potrebbe andar bene la carta geografica della nuova Italia così come l'ha disegnata il professor Marcello Pacini, direttore della Fondazione Agnelli. Un'Italia ancora riconoscibile, non snaturata in Padania Etruria e Sud, senza il Lombardo-Veneto e senza un muro di confine tra gli italiani ricchi e gli italiani poveri. Dodici regioni che possano sopravvivere, quasi tutte, con le tasse riscosse sul loro territorio. Il dossier della Fondazione Agnelli era già pronto da qualche mese, ma ha preso a circolare da quando la Lega ha posto la spada del federalismo sulla bilancia delle trattative per il governo. Il professor Miglio lo ha ignorato, insistendo sulla sua idea ormai arcinota: l'Italia divisa in tre, in "macroregioni" se le "repubblichette" non piacciono.

Lessico contestuale:

snaturata	cambiata
riscosse	raccolte
dossier	relazione
ha posto	ha presentato
trattative	decisioni
ha ignorato	non ha considerato
arcinota	molto conosciuta
macroregioni	grandi regioni

☞ ***Che cosa pensate di un'Italia federale? Come la realizzereste?***

☞ ***Confrontatevi, con il resto della classe, sul tema del patriottismo. Ecco alcuni punti:***

Patriottismo = Razzismo
Patriottismo = Unità nazionale
Patriottismo = Imperialismo (dominio di una nazione sulle altre)

Trentino-Alto adige

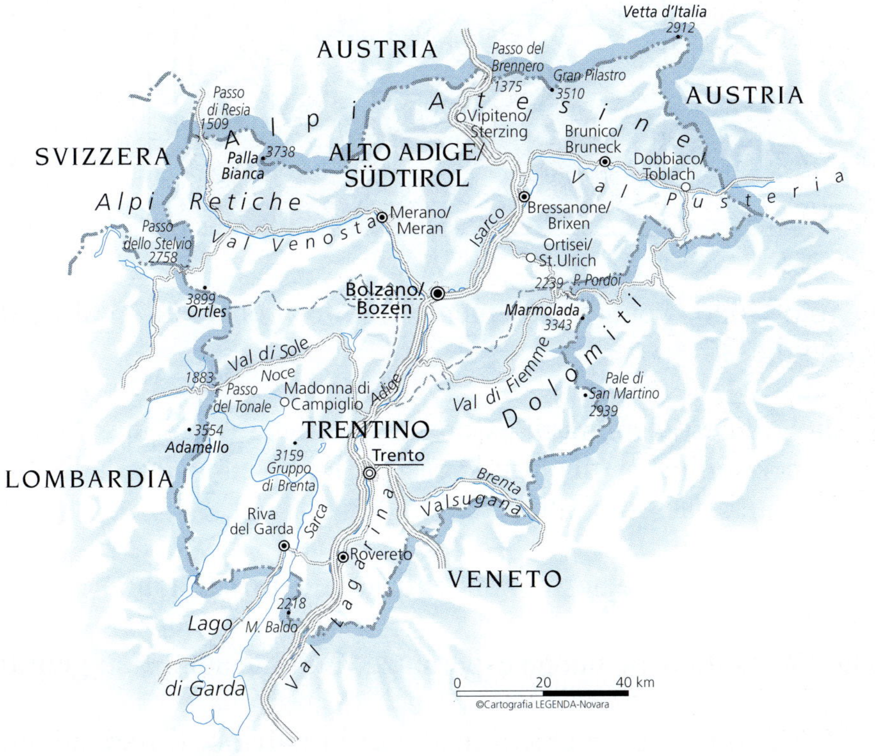

DATI STATISTICI				
Province	Superficie (km^2)	Popolazione	Densità	N°Comuni
Bolzano	7 400	450 273	61	116
Trento	6 207	460 416	74	223
TRENTINO-ALTO ADIGE	**13 607**	**910 689**	**67**	**339**

Leggere

Giuliano, di Roma, è appena tornato dalle vacanze in Alto Adige. Ha invitato Cristiana a casa sua per farle vedere le foto scattate durante il soggiorno.

Cristiana Le foto sono venute veramente molto bene. La Val Gardena è proprio meravigliosa.

Giuliano In Alto Adige ti sembra di essere in una fiaba o a Disneyland... Tutto è pulito e curato nei minimi particolari: le case di legno con i fiori alle finestre, gli alberghi accoglienti, i paesaggi pittoreschi...

Cristiana E come sono gli altoatesini nei confronti dei turisti italiani?

Giuliano Io ho fatto solo delle buone esperienze. Con me sono stati gentili.

Cristiana Ho sentito dire che, se chiedi qualcosa in italiano, ti rispondono in tedesco e che ad alcuni italiani hanno tagliato le gomme alle auto.

Giuliano Penso che sia acqua passata. In agosto i turisti italiani sono ormai molto più numerosi di quelli tedeschi.

Cristiana Comunque ci sono ancora delle tensioni fra italiani e altoatesini.

Giuliano In gran parte è una conseguenza del fascismo che ha cercato di italianizzare l'Alto Adige, trapiantandovi gente da varie zone italiane. Tutti i nomi sono stati italianizzati, e perfino le funzioni religiose e le lapidi in tedesco erano vietate.

Cristiana Adesso gli altoatesini non possono lamentarsi, stanno bene, il turismo ha portato il benessere...

Giuliano A parte il fatto che è una regione a statuto speciale e le due province autonome di Trento e Bolzano ricevono molti soldi dallo Stato.

Cristiana Inoltre viene applicata la proporzionale etnica nel pubblico impiego, no?

Giuliano Sì, il cosiddetto "pacchetto" che assegna il 70 per cento dei posti pubblici a tedeschi e ladini e il 30 per cento a italiani in base alla percentuale della popolazione. Per qualunque posto pubblico ci vuole il "patentino di bilinguismo" che si ottiene dando un esame piuttosto difficile.

Cristiana Allora anche chi vuole un posto di operatore ecologico deve sapere sia l'italiano sia il tedesco.

Giuliano In effetti è una discriminazione che va contro il diritto di ogni cittadino dell'Unione Europea di stabilirsi e di lavorare dove vuole.

Cristiana Però c'è da dire che gli italiani in Alto Adige non si sforzano di imparare a parlare il tedesco, anche perché alcuni dicono: "Qui siamo in Italia e si parla italiano".

Giuliano Questo mi sembra un atteggiamento intollerante.

Cristiana In fondo, nella nuova Europa, è un vantaggio poter vivere unendo due culture e sapendo parlare due lingue.

Giuliano Quello di cui abbiamo bisogno è la cultura della convivenza. Negli ultimi cinquant'anni ne abbiamo fatta di strada, ma ce n'è ancora molta da percorrere.

Comprendere

☞ ***Indicate nella griglia, con una crocetta, le caratteristiche del Trentino e dell'Alto Adige che emergono dal dialogo.***

	TRENTINO	ALTO ADIGE
Ha come capoluogo Trento		
Ha come capoluogo Bolzano		
Ha una popolazione di lingua italiana		
Ha una popolazione di lingua tedesca		
Ci sono ordine e pulizia		
E' stato italianizzato dal fascismo		
C'è molto turismo		

Val Passiria (Foto Peter Barstorfer - Klein)

Conoscere

I. Breve storia del Trentino Alto-Adige

La Valle dell'Adige fin dall'antichità fu per gli invasori barbarici una naturale via di penetrazione verso l'Italia. I suoi primi abitanti, in tempi storici, furono i Reti.
Nelle Valli laterali, più isolate, fiorì una civiltà che, per i forti legami con quella latina, fu chiamata ladina.
Nel Medioevo l'attuale Trentino Alto-Adige fu amministrato da due vescovi. Il vescovado di Trento rimase legato all'Italia, mentre quello di Bressone andò in mano ai conti del Castello di Tirolo.
Nel 1300 il Tirolo fu ereditato dai signori di Asburgo i quali ne iniziarono una lenta germanizzazione.
Nel 1500 a Trento ebbe luogo, in tre fasi, il più famoso Concilio Ecumenico. Al Concilio di Trento la Chiesa Cattolica svolse una serie di attività che nel loro complesso costituiscono la Controriforma, reazione alla Riforma Protestante.
Dal 1300 al 1700 la dinastia austriaca degli Asburgo governò più o meno direttamente il Trentino e l'Alto-Adige.
Solo nel 1918, con la fine della Prima Guerra Mondiale, la regione entrò a far parte dello Stato Italiano.
L'unione all'Italia fu accolta con gioia dai Trentini, rimasti italiani nei secoli, mentre gli Altoatesini, ormai germanizzati, si sentirono offesi dalla politica del governo fascista che provò ad italianizzare bruscamente la zona.
Nel 1948 la Costituzione Italiana concesse una larga autonomia alla regione. Venne chiamata Trentino Alto-Adige. Si cercò di garantire il rispetto reciproco tra i diversi gruppi di popolazione (italiani, tedeschi e ladini) ciascuno dei quali ha lingua e tradizioni diverse.

Lessico contestuale:

invasori barbarici	popoli stranieri
via di penetrazione	via d'entrata
fiorì una civiltà	si sviluppò una civiltà
vescovado	territorio di giurisdizione del vescovo
andò in mano	diventò proprietà di
ebbe luogo	si svolse
in tre fasi	in tre tempi
concilio ecumenico	riunione universale dei vescovi cattolici presieduta dal Papa
dinastia	serie di sovrani di una medesima stirpe
bruscamente	di colpo - improvvisamente
concesse	permise
reciproco	vicendevole, scambievole

☞*Leggete i seguenti articoli della Costituzione italiana*

Art.6 - La Repubblica tutela con apposite norme le minoranze linguistiche.

Art.8 - Tutte le confessioni religiose sono egualmente libere davanti alla legge [...]

Art.116 - Alla Sicilia, alla Sardegna, al Trentino Alto-Adige e alla Valle d'Aosta sono attribuite forme e condizioni particolari di autonomia, secondo Statuti Speciali adottati con Leggi Costituzionali.

☞***Esiste nei vostri paesi una situazione simile a quella del Trentino Alto-Adige?***
Le minoranze linguistiche sono tutelate?
C'è tolleranza tra professioni religiose diverse?

☞***Rispondete alle domande poi esponete le vostre opinioni sugli articoli 6 e 8 della Costituzione italiana.***

II. De Gasperi e la Resistenza italiana

Alcide De Gasperi

Alcide De Gasperi nacque a Pieve di Trento nel 1881. Fu un antifascista e un protagonista della Resistenza. Riorganizzò il Partito Popolare e lo chiamò Democratico Cristiano. Fu presidente del Consiglio dal 1948 al 1953, durante la ricostruzione post-bellica.
Con la parola "Resistenza" si indica la lotta politica che portò avanti la parte della popolazione italiana contraria al Fascismo. Contro il Fascismo e il Nazifascismo si batterono i Partigiani che aderivano a vari partiti, tra cui il partito comunista, socialista, d'azione, democristiano, liberale, repubblicano, democratico del lavoro.
Dopo venti anni di dittatura fascista, la Resistenza fece riscoprire ai giovani italiani il significato di parole come democrazia, libertà, sindacato, classe e rivoluzione.
La Resistenza impiegò una minoranza di combattenti, ma contò sull'appoggio e la solidarietà di una grande maggioranza della popolazione non solo negli ambienti intellettuali, ma anche negli strati popolari.
I protagonisti della Resistenza, attraverso una costante ed estenuante guerriglia, contribuirono alla liberazione dell'Italia e alla nascita della democrazia.

Ecco la canzone simbolo della Resistenza:

"Oh Bella Ciao"

Questa mattina mi son alzato
oh bella ciao, bella ciao, bella ciao, ciao, ciao
questa mattina mi son alzato
ed ho trovato l'invasor.
Oh partigiano, portami via
oh bella ciao, bella ciao, bella ciao, ciao, ciao
partigiano, portami via
che mi sento di morir.
E se io muoio da partigiano
oh bella ciao, bella ciao, bella ciao, ciao, ciao
e se io muoio da partigiano
tu mi devi seppellir.
E seppellire lassù in montagna
oh bella ciao, bella ciao, bella ciao, ciao, ciao
seppellire lassù in montagna
sotto l'ombra di un bel fior.
Tutte le genti che passeranno
oh bella ciao, bella ciao, bella ciao, ciao, ciao
e le genti che passeranno
ti diranno: che bel fior.
E questo è il fiore del partigiano
oh bella ciao, bella ciao, bella ciao, ciao, ciao
questo è il fiore del partigiano
morto per la libertà!

Se volete conoscere qualcosa in più sulla Resistenza, vi consigliamo:

- per la storia: "Storia dell'Italia Partigiana" di Giorgio Bocca, 1966
  "Storia della Resistenza italiana" di Roberto Battaglia, 1953
- per la letteratura: "L'Agnese va a morire" di Renata Viganò, 1948
  "Il sentiero dei nidi di ragno" di Italo Calvino, 1947
- per la musica: "Oh Bella Ciao"
  "Fischia il Vento"
- per il cinema: "Roma città aperta"
  "L'Agnese va a morire"
  "La notte di San Lorenzo"

Le opere elencate sono solo una minima parte di quelle esistenti sull'argomento.

III. La neve dell'Alto-Adige

☞***Il seguente opuscolo pubblicizza le risorse turistiche dell'Alto-Adige, prima fra tutte la neve. In base a questo, scrivetene uno che metta in evidenza le principali attrattive del luogo dove vivete.***

E' convinzione assai diffusa, ma non di meno errata, che di neve ve ne sia una sola: insomma ... neve è sempre neve. Nell'arco di un inverno ed a seconda delle latitudini vi sono notevoli differenze nella consistenza e tipologia del candido manto. Quel che molti non sanno è che la neve può essere diversa anche a parità di condizioni atmosferiche e geografiche. Ce n'è di mediocre, di buona e di ... migliore. Tra questa ultima vi è senz'altro la neve dell'Alto Adige.

La posizione geografica della nostra provincia, la sua conformazione prevalentemente montuosa, la "diversità" che promana da caratteristiche culturali particolari e dal forte attaccamento alle tradizioni, il contesto ambientale in genere ne fanno l'autentico cuore delle Alpi, una delle zone più ambite per le vacanze invernali.

Alto Adige non vuol dire solo attrezzature qualitativamente e quantitativamente di prim'ordine e ospitalità turistica di antica tradizione.

Alto Adige è anche montagne che sembrano uscite dalle favole, natura che l'uomo ha saputo rispettare, modelli architettonici spontanei a misura d'uomo, centinaia di castelli, testimonianza di un passato denso di storia, arte gotica, folclore vivo e genuino, artigianato raffinato, familiarità, calore e colore.

E su tutto questo la neve, il candido soffice manto che imbianca i rilievi alto-atesini per una lunga stagione che va ben oltre l'inverno. Da novembre ad aprile i monti, le piste, gli alberghi dell'Alto Adige offrono agli appassionati degli sports invernali o anche solo di una riposante vacanza innumerevoli possibilità.
E la neve dell'Alto Adige sopravanza la primavera sulle alte vette per chiudere il ciclo annuale sui ghiacciai ben noti agli appassionati dello sci estivo.

Veneto

Province	Superficie (km²)	Popolazione	Densità	N°Comuni
Belluno	3 678	211 744	57	69
Padova	2 141	833 331	389	104
Rovigo	1 789	245 573	137	50
Treviso	2 477	755 635	305	95
Venezia	2 460	818 339	333	43
Verona	3 097	799 591	258	98
Vicenza	2 722	762 517	280	121
VENETO	**18 364**	**4 426 730**	**251**	**580**

Leggere

Fabio, uno studente veneziano di "Lingue e letterature straniere" a mensa incontra Maria, una sua collega d'università che viene dalla Calabria.

Fabio Ciao, Maria! Come stai? Mangiamo insieme?

Maria Sì, così facciamo quattro chiacchiere. Vorrei chiederti una cosa. Recentemente ho letto un articolo sul progetto di costruire una metropolitana lagunare. Vorrei sapere cosa ne pensi come veneziano.

Fabio Secondo me è un progetto folle, che spero non si realizzerà mai; sarebbe la rovina di Venezia.

Maria In che senso?

Fabio Perché farebbe aumentare il turismo di massa che già adesso a Venezia provoca gravi danni.

Maria Ma non solo i turisti, anche molti veneziani si lamentano che a Venezia è difficile e molto lento spostarsi da un punto all'altro.

Fabio Venezia non è fatta per la velocità! Il ritmo frenetico della vita moderna è in contraddizione con l'essenza di questa città. A Venezia si va a piedi, nei suoi canali si va, o meglio si dovrebbe andare, in barca, ovviamente a remi. Io vieterei persino i motoscafi perché le onde che provocano sono dannose.

Maria Però bisogna fare qualcosa. La città si sta spopolando: oggi i residenti sono scesi sotto quota 80 mila, mentre all'inizio degli anni Cinquanta erano più di 170 mila.

Fabio Molti giovani si trasferiscono a Mestre perché a Venezia le case sono troppo costose.

Maria Eh sì! Molti ricchi americani, ma anche alcuni italiani hanno comprato la seconda casa a Venezia per passarci il fine settimana o magari il Carnevale. Le loro case rimangono vuote quasi tutto l'anno.

Fabio Oltre al problema delle case, ci sono anche altri motivi per cui i veneziani lasciano la loro città. La principale attività economica è il turismo e le altre attività produttive si sono spostate a Mestre, sulla terraferma.

Maria C'è anche il fatto che la vita quotidiana a Venezia è obiettivamente difficile. Può essere un problema fare la spesa vicino a casa dato che molti panifici o alimentari chiudono, mentre dappertutto vengono aperti negozi di souvenir.

Fabio Il problema è anche che, oggi, per i giovani la macchina è molto importante, e a Venezia è difficile avere un parcheggio da qualche parte e spostarsi rapidamente in caso di necessità.

Maria E' un'idea fissa quella della velocità. Venezia non potrà mai inserirsi nella civiltà moderna, tecnologica. Anzi è la vittima di questa civiltà. Il turismo di massa e gli insediamenti industriali di Porto Marghera hanno causato tanti problemi. Per esempio, lo scavo del canale dei petroli, per far passare le grandi petroliere, ha aggravato il fenomeno dell'acqua alta.

Fabio Sì, in effetti è difficile conciliare il ritmo della vita a Venezia con quello della vita moderna. In fondo si può ben fare qualche sacrificio pur di vivere a Venezia.

Maria L'importante è la qualità della vita. La situazione e i problemi di Venezia mettono in guardia e fanno riflettere sulla vita moderna.

Fabio Venezia è patrimonio di tutto il mondo, è il simbolo della bellezza e della creatività artistica. Spero proprio che anche le generazioni future possano continuare a godere questa città dove convivono realtà e sogno.

Comprendere

☞ ***Collegare le domande alle risposte esatte (es.: 1,c)***

DOMANDE		RISPOSTE	
1.	*Perché Fabio dice che sarebbe folle costruire una metro-politana lagunare?*	**a.**	*Perché le case costano troppo e mancano le comodità.*
2.	*Perché nei canali di Venezia si dovrebbe andare con le barche a remi?*	**b.**	*Lo scavo del canale dei petroli.*
3.	*Perché Venezia si sta spopolando?*	**c.**	*Perché aumenterebbe il turismo di massa.*
4.	*Che cosa ha aggravato il fenomeno dell'acqua alta?*	**d.**	*Di tutto il mondo.*
5.	*Di chi è patrimonio Venezia?*	**e.**	*Perché le onde che provocano i motoscafi sono dannose.*

Venezia - Ponte Rialto (Foto Aldo Cari)

Conoscere

I. Venezia

A. Salvare Venezia

Salvare Venezia è, per così dire, una corsa contro il tempo. Negli ultimi cento anni, infatti, Venezia si è abbassata rispetto al mare di circa 25 centimetri. Ciò è dovuto in gran parte all'estrazione di acqua dalle falde ed anche all'effetto serra che ha fatto innalzare il livello del Mare Adriatico. Di conseguenza la laguna è sempre più in balia delle maree e delle onde. Un altro problema molto grave è quello dell'inquinamento, provocato dagli impianti petrolchimici di Porto Marghera. Bisogna, quindi, proteggere la laguna e disinquinarla.
Per difendere la laguna, è stato elaborato il progetto di costruire delle grandi dighe mobili che, in caso di alta marea, chiuderebbero le tre bocche di porto che la mettono in comunicazione con il mare aperto. Sono già stati fatti degli esperimenti con un prototipo chiamato Mosè, che ha dato ottimi risultati. Bisogna fare presto perché nessuno vuole che si ripeta quello che è successo nel 1966, quando c'è stata la più disastrosa acqua alta del secolo che ha superato di quasi due metri il livello medio del mare. Allora, per attraversare le calli veneziane, non bastavano gli stivali, ma ci voleva la barca. I danni sono stati enormi: molte persone sono rimaste senza tetto, la merce nei negozi si è rovinata, molte opere d'arte come quadri, affreschi e manoscritti sono stati seriamente danneggiati. Si è trattato di danni incalcolabili.
Per combattere l'inquinamento, sono necessari dei controlli molto severi sugli scarichi delle industrie e degli allevamenti zootecnici che dovranno avere degli impianti di depurazione. Da molto tempo i pescatori veneziani si lamentano del progressivo impoverimento della fauna lagunare. Il fosforo dei detersivi, per esempio, favorisce il proliferare delle alghe che consumano ossigeno e provocano la morte dei pesci. Per questo è necessario, fra l'altro, sistemare la rete fognaria veneziana che lascia molto a desiderare.
Un'altra misura da adottare è l'eliminazione delle petroliere dalla laguna, che comportano il rischio di un disastro ecologico, e la costruzione di condotte sottomarine.
Siccome Venezia è una città del mondo, è un patrimonio di tutta l'umanità, bisogna fare di tutto per salvarla.

☞ ***Dopo aver letto "Salvare Venezia" compilate la seguente griglia:***

PROBLEMI DI VENEZIA	CAUSE DEI PROBLEMI DI VENEZIA	POSSIBILI SOLUZIONI AI PROBLEMI DI VENEZIA

☞ ***Vi piacerebbe vivere a Venezia e perché?***

☞ ***Fate un elenco delle città italiane in cui vi piacerebbe vivere e spiegatene i motivi:***

LA CITTÀ	I MOTIVI PER CUI MI PIACEREBBE VIVERCI

B. Le gondole di Venezia

Venezia - Gondole (Foto Peter Barstorfer - Klein)

La gondola è una tipica imbarcazione veneziana; è nera e di forma lunga e stretta. Può contenere fino a sei persone. Si hanno notizie delle gondole sin dal secolo XI. Nei secoli XVI e XVIII i Veneziani cominciano ad ornare le gondole con stoffe preziose.
Così, il Senato deve intervenire per frenare questi eccessi ed ordina che le gondole debbono essere dipinte di nero con una vernice lucida di cui ancora oggi si conserva il segreto.
La gondola è guidata da un solo rematore, chiamato "gondoliere". Solo i cittadini di Venezia possono svolgere questa professione.

☞ ***Siete mai stati in una gondola?***
Se sì, quale impressione avete ricevuto?

C. I tre grandi appuntamenti di Venezia

1. Il Carnevale di Venezia

Ogni anno, in inverno, si può assistere e/o partecipare al Carnevale di Venezia. La città si riempie di variopinte maschere e Piazza San Marco si trasforma, di sera, in un'enorme "discoteca" all'aperto. L'ultima sera del Carnevale, "il martedì grasso", sono di tradizione dei magnifici fuochi d'artificio che si riflettono sull'acqua del Lido.
Brighella è una maschera del Teatro Veneziano simpatica e abile. Molto popolare è però Arlecchino, famoso per la sua arguzia e per il suo vestito formato da cento toppe di colori diversi.

Venezia - Carnevale (Foto di Peter Barstorfer-Klein)

☞ ***Esiste nei vostri paesi la tradizione del Carnevale?***
Come si festeggia?

☞ ***Vi siete mai mascherati?***
Quali sono le maschere tipiche dei vostri paesi?

2. La Biennale

La Biennale è un'esposizione internazionale di arte moderna che ha luogo a Venezia ogni due anni. E' stata ideata dal sindaco Riccardo Selvatico ed è stata attuata per la prima volta nel 1895 da Antonio Fradeletto. Da allora le mostre si sono susseguite regolarmente.
La Biennale è una rassegna di opere italiane e straniere contemporanee.

3. Il Festival del Cinema

Ogni anno a settembre si svolge il Festival del Cinema. In questa occasione, in presenza di artisti, critici, attori, registi ed appassionati, vengono proiettati e premiati con il "Leone d'Oro" i migliori film italiani e stranieri.

D. I colombi di Piazza San Marco

Venezia - Piazza San Marco (Foto Aldo Cari)

Si racconta che al tempo in cui Venezia era una Repubblica Marinara al Doge durante le feste venivano fatti molti doni dalle varie contrade della città. Una volta una contrada gli regalò un paio di colombi selvatici che riuscirono a liberarsi e si rifugiarono sotto le volte della Basilica di San Marco. Nidificarono in mezzo ai santi dei mosaici e furono considerati sacri. Il Doge decretò di dare cibo a loro e ai "discendenti". Così Venezia si popolò di colombi.
Per molto tempo è stato possibile vedere all'ora del pasto, in Piazza San Marco, un immenso "tappeto" di colombi. Oggi, per salvare i monumenti dai danni che provoca lo sterco e a causa delle malattie contagiose di cui sono portatori, i colombi vengono sterilizzati.

II. La città di Giulietta e Romeo

Verona è situata ai piedi delle colline subalpine, sulle rive del fiume Adige.
E' famosa per l'Arena che è un anfiteatro dove si svolgono rappresentazioni di opere liriche. L'Arena risale al I secolo d.C. ed è conservata perfettamente.
I turisti che visitano Verona non si fermano soltanto davanti ai monumenti più famosi come il Palazzo del Comune, il Palazzo degli Scaligeri, la Loggia del Consiglio, Piazza delle Erbe, Piazza dei Signori..., ma sono attratti anche dal Balcone e dalla Tomba di Giulietta. L'eroina della tragedia shakespeariana è conosciuta in tutto il mondo per la sua dolce e tragica storia d'amore.
Giulietta è una giovane Capuleti che ama ed è amata da Romeo Montecchi. Le loro famiglie, nemiche, ostacolano l'unione dei due che piuttosto che rinunciare al loro amore preferiscono morire.

Verona - Il Balcone di Giulietta (Foto Heidi Lehner)

III. Murano e Burano

A. Le vetrerie di Murano

Murano è una delle cittadine della Laguna Veneta. E' sorta su nove isole, per questo viene definita la Piccola Venezia.
E' famosa per i quartieri pittoreschi ed i giardini, ma soprattutto per le vetrerie, rinomate fin dal 1200.
Le vetrerie producono vetri soffiati, cristalli, specchi, smalti, lampadari e soprammobili di grande pregio.
Le famiglie dei vetrai fin dal secolo XIII si tramandano le formule ed i modelli delle loro magnifiche paste di vetro e ne conservano gelosamente il segreto.

B. I merletti di Burano

Burano è una frazione di Venezia situata su quattro isolette. E' chiamata il "Paese della Trina" per i suoi celebri merletti.
Ha una rinomata scuola di merletti che prepara merlettaie famose per la loro abilità e pazienza nell'eseguire capolavori di manifattura.
I merletti sono lavori ornamentali eseguiti con filo sottile di cotone e uncinetto (piccolo arnese adunco ad una estremità).
L'uncinetto serve ad eseguire maglie tra loro incatenate che danno origine a guarnizioni per abiti femminili, centri, tende...

(Foto M.Cristina Piazzesi)

Friuli-Venezia Giulia

DATI STATISTICI				
Province	Superficie (km²)	Popolazione	Densità	N°Comuni
Gorizia	466	137 905	296	25
Pordenone	2 273	276 005	121	51
Trieste	212	255 477	1 205	6
Udine	4 893	520 140	106	137
FRIULI-VENEZIA GIULIA	**7 844**	**1 189 527**	**432**	**219**

Leggere

Anna è andata a trovare il suo amico Flavio a Trieste. Insieme parlano del Friuli-Venezia Giulia.

Anna Trieste è stata sempre una città importante. Vero?

Flavio Nel 1800 era il porto più importante dell'Adriatico. Aveva un entroterra enorme, e cioè l'impero austro-ungarico.

Anna La Seconda Guerra Mondiale ha avuto su Trieste delle conseguenze notevoli.

Flavio Eccome! Dopo la fine della guerra Trieste è diventata territorio libero sotto il controllo dell'ONU fino al 1954, dopo di che la zona A, e cioè Trieste, è tornata all'Italia, mentre la zona B, Capodistria, è stata assegnata alla Jugoslavia insieme a gran parte delle province di Trieste e Gorizia. Per Trieste la perdita dell'Istria è stato un duro colpo, perché era il suo entroterra naturale.

Anna Un altro duro colpo il Friuli l'ha avuto con il terremoto del 1976, no?

Flavio Altro che! Infatti ha provocato molti morti e danni enormi. Comunque i friulani si sono dati da fare, si sono rimboccati le maniche e hanno ricostruito di buona lena. La gente friulana è gente molto laboriosa. Il Friuli, negli ultimi decenni, si è industrializzato. A Pordenone c'è la Zanussi, con una delle fabbriche di elettrodomestici più moderne del mondo, a Trieste e Monfalcone ci sono i cantieri navali, poi ci sono raffinerie, industrie chimiche, tessili, alimentari ecc.

Anna Anche il turismo gioca un ruolo importante, no?

Flavio Infatti ha avuto una grande espansione. Il Friuli offre un po' di tutto: montagne innevate, laghetti alpini, spiagge meravigliose come quelle di Grado e Lignano Sabbiadoro, che sono le due stazioni balneari più importanti.

Anna Io sono stata a Grado: è una "piccola Venezia", infatti si trova in una bellissima posizione su un isolotto della laguna. Il centro storico, con le strette calli e il prezioso duomo del V secolo, è molto suggestivo. Ci sono dei bei locali all'aperto dove la sera, sotto una pergola, si può bere un bicchiere di vino e godere l'atmosfera romantica di questo luogo.

Flavio Purtroppo c'è anche la Grado moderna con grandi alberghi e case alte che rovinano un po' la pace e la poesia.

Anna Be', il turismo porta benessere, però c'è anche il rovescio della medaglia.

Flavio Certo, tutti vogliono vedere i bei posti. A proposito, sei già stata nella baia di Duino?

Anna Sì, e ho anche visitato il Castello dei Principi della Torre e Tasso, dove Rilke ha scritto le sue famose "Elegie di Duino".

Flavio Ti propongo di fare un giorno una gita a Palmanova. E' una delle più caratteristiche città italiane, anzi è unica nel suo genere. E' stata costruita nel 1593 dai veneziani come fortezza contro la minaccia dei turchi. Quello che è particolare, è che ha la forma di una stella a nove punte, con delle vie simmetriche che convergono tutte in Piazza Grande.

Anna Volentieri. Comunque vorrei anche visitare il Castello di Miramare, la Basilica di Aquileia...

Flavio Piano, piano, una cosa alla volta. Intanto andiamo a prendere un caffè.

Anna Magari Illy, il caffè di Trieste. Anzi no, io penso che prenderò un bicchiere di Tocai o di Prosecco friulano e mi mangerò un bel panino al prosciutto, naturalmente San Daniele, il miglior prosciutto del mondo.

Flavio Proprio in questo periodo, a San Daniele, c'è la "Sagra del prosciutto", potremmo andarci, se vuoi.

Anna Ottima idea, io sono molto golosa e vado matta per il San Daniele. Pancia mia fatti capanna!

Comprendere

☞ ***Annotate il maggior numero di informazioni a proposito di:***

1. Trieste:

2. Il terremoto del 1976:

3. L'economia friulana:

4. Grado:

5. Palmanova:

☞ ***Dal contesto provate a capire il significato delle seguenti frasi idiomatiche:***

"Rimboccarsi le maniche"

"Andare matti per"

"Pancia mia fatti capanna"

"Lavorare di buona lena"

Conoscere

I. Breve storia del Friuli-Venezia Giulia

E' una regione a statuto speciale. E' costituita dal Friuli e dalla parte della Venezia Giulia rimasta all'Italia. Il Friuli è una terra di confine e per questa ragione ha subìto influenze di diversi popoli: Romani, Germani e Slavi. In età romana la città principale era Aquileia di cui oggi rimangono le rovine. Ad Aquileia subentra Forum Iuli, l'attuale Cividale, che dà il nome alla regione. All'inizio del 1400 il dominio del Friuli passa alla Repubblica di Venezia e dura fino al 1700. Il Friuli poi cade nelle mani degli Austriaci per un secolo e successivamente diventa italiano.
La storia di Trieste è legata politicamente all'Austria dal 1382. Trieste vive per molti secoli in una posizione di secondo piano perché è schiacciata dalla potenza marinara di Venezia. Quando decade Venezia cambia la situazione e nel 1719 l'imperatore Carlo VI d'Austria fa di Trieste e Fiume due porti franchi (porti dove non si dovevano pagare diritti di dogana). Comincia così una rinascita economica e nel 1800 Trieste diventa il primo porto dell'Adriatico. Nel 1918, alla fine della Prima Guerra Mondiale, Trieste e l'Istria entrano a far parte dello stato italiano. Durante la Seconda Guerra Mondiale Trieste viene occupata dall'esercito iugoslavo. Il trattato di pace del 1947 assegna alla Iugoslavia le ex province di Fiume e Pola e parte di quelle di Trieste e Gorizia. Nel 1954, Trieste, Muggia e una parte del Carso, la cosiddetta "Zona A", tornano all'Italia, mentre la "Zona B", composta da Capodistria, Umago, Bue e Cittanova, passa alla Iugoslavia. Nel 1975, viene firmato il Trattato di Osimo: quest'accordo rende definitiva la situazione che si era creata nel 1954.
Quando i territori dell'Istria, della Dalmazia e della Venezia Giulia sono passati alla Iugoslavia, molti Italiani sono fuggiti e le loro proprietà sono state confiscate e nazionalizzate.
Oggi, dopo il crollo del regime iugoslavo, alcuni Italiani vorrebbero la restituzione dei beni degli esuli e l'autorizzazione per l'acquisto degli immobili.

Lessico contestuale:

il Friuli ha subito influenze di popoli diversi	molti popoli hanno condizionato la cultura del Friuli
le rovine	i resti, i ruderi
ad Aquileia subentra Forum Iuli	Forum Iuli prende il posto importante di Aquileia
il Friuli cade nelle mani degli Austriaci	gli Austriaci si impadroniscono del Friuli
posizione di secondo piano	posizione di poca importanza
schiacciata dalla potenza	sopraffatta dalla superiorità

. /. .

trattato	accordo, patto
assegna	dà
confiscate	prese da un ente pubblico
nazionalizzate	rese di proprietà statale
risarcimento	compenso, pagamento
irrisorio	minimo

☞ **Voi siete favorevoli o contrari alla restituzione dei beni confiscati in tempo di guerra?**
Discutetene.

Trieste - Centro Storico (Foto Peter Barstorfer-Klein)

II. "Miramar" di Giosuè Carducci

Golfo di Trieste (Foto Peter Barstorfer-Klein)

Il poeta G.Carducci (1835-1907) dedica la poesia "Miramar" al castello di Miramare che si trova nel golfo di Trieste. Qui soggiornarono Massimiliano d'Austria e sua moglie Carlotta.

Leggete i seguenti celebri versi di "Miramar":

"O Miramare a le tue bianche torri
attediate[1] per lo ciel piovorno[2]
fosche[3] con volo di sinistri[4] augelli[5]
vengon le nubi"...

***Lessico contestuale*:**

[1]*attediate*	tristi
[2]*piovorno*	piovoso
[3]*fosche*	scure, minacciose
[4]*sinistri*	terrificanti, lugubri
[5]*augelli*	uccelli

☞***Scrivete la descrizione del castello di Miramare, così come vi appare dai quattro versi che avete letto poi elencate le sensazioni che vi provocano i versi e confrontatele con il resto della classe.***

III. "Senilità" di Italo Svevo

Italo Svevo nasce a Trieste nel 1861. Il suo vero nome è Ettore Schmitz. Molto presto, a causa dei problemi economici della sua famiglia, è costretto a lavorare in banca. Ma la letteratura rappresenta la sua vera passione. I romanzi: "Una vita" (1892), "Senilità" (1898) e "La Coscienza di Zeno" (1923) costituiscono un'innovazione letteraria. L'autore evidenzia il rapporto tra personaggio e realtà e la falsità di tale rapporto.

Nelle opere di Svevo Trieste è rappresentata nella varietà delle stagioni e delle ore, nei suoi aspetti popolari e borghesi.

Il brano che segue è tratto da "Senilità". Ha per protagonista Emilio Bentani, un impiegato di banca che fa anche lo scrittore. Ha 35 anni e, nella sua vita, non ha mai avuto esperienze significative.

Un giorno incontra una giovane, Angiolina, e pensa di cominciare con lei un'avventura amorosa.

Ma non vuole che questa relazione diventi importante: deve essere breve e divertente.

> *"Si fermarono a lungo nel terrazzo di Sant'Andrea e guardarono verso il mare colorito. Si trovavano sempre all'aperto, nella notte stellata chiara, ma senza luna. Si amavano in tutte le vie suburbane di Trieste. Dopo i primi appuntamenti, abbandonarono Sant'Andrea che era troppo frequentato e per qualche tempo preferirono la Strada dell'Opicina [...] larga, solitaria [...] Si baciavano lungamente, la città ai loro piedi, muta morta, come il mare [...] Poi preferirono i boschetti del Colle al Cacciatore [...] Sedevano accanto a qualche albero e mangiavano, bevevano e si baciavano. I fiori erano presto scomparsi dalla loro relazione e avevano ceduto il posto ai dolci che poi ella non volle più per non guastarsi i denti.*
>
> *Subentrarono i formaggi, le mortadelle e le bottiglie di vino e di liquori, roba già molto costosa per la scarsa borsa d'Emilio. Ma egli era dispostissimo a sacrificare tutte le poche economie fatte nei lunghi anni della sua vita regolata. [...] Altri pensieri lo preoccupavano di più: chi aveva insegnato ad Angiolina a baciare?"*

☞ ***Rispondete alle domande:***

1. Dove si incontravano Emilio Brentani e Angiolina?

2. Come passavano il loro tempo insieme?

3. Cosa pensate che significhi la frase: "Ma egli era dispostissimo a sacrificare tutte le poche economie fatte nei lunghi anni della sua vita regolata"?

4. Che tipo di rapporto pensate fosse quello tra Angiolina ed Emilio?

☞ ***Le parole della colonna A si trovano nel testo.***
Cercate di collegarle con quelle della colonna B.

A	B
- stellata	- avevano sostituito
- suburbane	- affollato
- abbandonarono	- periferiche
- frequentato	- piena di stelle
- solitaria	- lasciarono
- muta	- silenziosa
- avevano ceduto il posto	- deserta

Trieste - Parco (Foto Peter Barstorfer-Klein)

☞ ***Conoscete qualche scrittore italiano?***
Se sì, quali preferite?

Ecco una bibliografia molto ridotta di scrittori italiani moderni e contemporanei:

1. ***Alberto Moravia** (1907-1990)*
"Gli indifferenti" (1929); "La Ciociara" (1957); "Agostino" (1944); "La Disubbidienza" (1948); "Il Conformista" (1951); "Vita interiore" (1978); "L'uomo che guarda" (1985).

2. ***Elio Vittorini** (1908-1966)*
"Conversazioni in Sicilia" (1941); "Uomini e no" (1945); "Le donne di Messina" (1949); "Erica e i suoi fratelli" (1936); "Piccola Borghesia" (1931).

3. ***Cesare Pavese** (1908-1950)*
"La casa in collina" (1949); "La luna e i falò" (1950); "La bella estate" (1949); "Il compagno" (1947).

4. ***Vasco Pratolini** (1913-1991)*
"Il Quartiere" (1944); "Cronaca familiare" (1947); "Cronache di poveri amanti" (1947).

5. ***Italo Calvino** (1923-1985)*
"Il sentiero dei nidi di ragno" (1947); "Il Visconte dimezzato" (1952); "Il Barone rampante" (1957).

6. ***Elsa Morante** (1912-1985)*
"Il gioco segreto" (1941); "Menzogna e sortilegio" (1948); "L'isola di Arturo" (1957); "La Storia" (1974); "Aracoeli" (1982).

7. ***Carlo Cassola** (1917-1987)*
"Fausto e Anna" (1952); "Il Soldato" (1958); "Il taglio del bosco" (1954); "La ragazza di Bube" (1960); "Un cuore arido" (1961).

8. ***Giorgio Bassani** (1916-....)*
"Racconti Ferraresi" (1960); "Il giardino dei Finzi Contini" (1962).

9. ***Primo Levi** (1919-1987)*
"Se questo è un uomo" (1947).

10. ***Pier Paolo Pasolini** (1922-1975)*
"Ragazzi di vita" (1955); "Una vita violenta" (1958).

11. ***Alberto Bevilacqua** (1934-....)*
"La grande Giò" (1986).

12. ***Susanna Tamaro** (1957-....)*
"La testa tra le nuvole" (1989); "Và dove ti porta il cuore" (1994).

Liguria

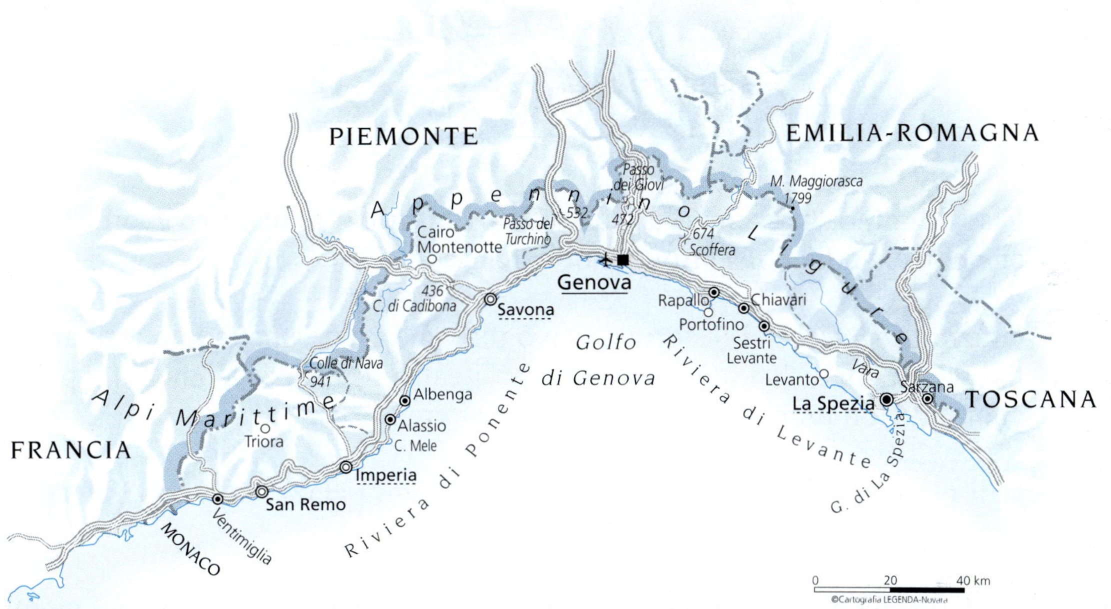

DATI STATISTICI

Province	Superficie (km²)	Popolazione	Densità	N°Comuni
Genova	1 838	931 791	507	67
Imperia	1 155	217 408	188	67
La Spezia	882	225 675	256	32
Savona	1 545	283 626	183	69
LIGURIA	**5 420**	**1 658 500**	**283**	**235**

Leggere

Mimmo Merlo, di Lipari, arriva con la nave al porto di Genova, dove c'è ad aspettarlo la sua amica Laura Pasquale.

Laura Ciao Mimmo, benvenuto a Genova. Mi fa molto piacere rivederti. E' un bel po' che non ci vediamo. Ti trovo molto bene.

Mimmo Grazie. Anche tu sei in forma. Devo dire che è uno spettacolo arrivare a Genova dal mare: infatti la città sembra un anfiteatro di palazzi bianchi. E poi il porto è enorme! Non immaginavo che fosse così grande.

Laura E' il più grande d'Italia. Hai notato i bellissimi palazzi nobiliari? Genova ne ha a centinaia. Perciò è chiamata "la Superba".

Mimmo Ho letto che la città vecchia è molto interessante perché ci sono dei vicoli stretti e pittoreschi.

Laura Sì, sono i "carrugi". La vecchia Genova è caratteristica e suggestiva.

Mimmo Penso che tutta la Riviera ligure, sia quella di Ponente sia quella di Levante, abbia un grande fascino. Io vengo dalle Isole Eolie e amo il mare più di ogni altra cosa.

Laura In effetti il mare è una grande ricchezza per la Liguria: rende dolce il clima, è pescoso, è un'importante via di comunicazione e attira milioni di turisti.

Mimmo Non per niente Cristoforo Colombo era di Genova.

Laura Si, lui è nato qui nel 1451 e vi ha passato l'infanzia. Si può visitare la sua casa in Piazza Dante. Se avesse scoperto l'America per conto dell'Italia, oggi tutto il mondo forse parlerebbe italiano!

Mimmo A Genova è nato anche Nicolò Paganini, il grande musicista, no?

Laura Infatti. Il suo violino è conservato nel Palazzo Comunale.

Mimmo Come sai io suono la chitarra, comunque mi piacciono moltissimo i 24 "Capricci" per violino.

Laura Paganini era un virtuoso del violino e tu lo sei della chitarra.

Mimmo Senti, Garibaldi è partito da qui per la famosa "Spedizione dei Mille"?

Laura Sì, esattamente da Quarto dei Mille il 5 maggio 1860 e, con i suoi mille garibaldini, le "Camicie Rosse", ha liberato prima la Sicilia e poi il resto dell'Italia del Sud dai Borboni contribuendo in modo decisivo all'unità d'Italia.

Mimmo A me è sempre piaciuta la storia, per esempio quella delle Repubbliche Marinare, di cui una era Genova. Quali erano le altre?

Laura Pisa, Venezia ed Amalfi. Ogni quattro anni si svolge la regata delle antiche Repubbliche Marinare. Purtroppo non quest'anno.

Mimmo Mi piacerebbe molto vederla.

Laura Sarà per la prossima volta. Comunque domenica prossima c'è la "Sagra del pesce" a Camogli, un pittoresco paese di pescatori. Il pesce viene cotto in una padella enorme.

Mimmo Parlando di mangiare, comincio ad avere fame.

Laura Anch'io sento un po' d'appetito. Sai cosa ti faccio? Le trenette al pesto, il piatto tipico genovese.

Mimmo Non ho mai mangiato le trenette.

Laura Sono degli spaghettoni che si condiscono con il pesto.

Mimmo A me il pesto piace molto, però non so come si fa.

Laura Te lo spiego subito. Si fa con basilico, pinoli o noci, aglio, formaggio pecorino sardo grattugiato e olio.

Comprendere

☞ ***Completate il seguente schema utilizzando parole vostre:***

è

1. Genova

ha

è

2. C.Colombo

ha

è

3. G.Garibaldi

ha

Conoscere

I. Cristoforo Colombo e le civiltà precolombiane

Cristoforo Colombo nasce molto probabilmente a Genova nel 1451. Inizia a navigare nel 1470 come marinaio. Si appassiona, così, ai viaggi per mare. Legge le imprese di Marco Polo che era stato nell'Estremo Oriente per via terra e gli viene il desiderio di raggiungere l'Oriente via mare.
Per realizzare il suo progetto ha bisogno di finanziamenti. Prova inutilmente a chiederli all'Italia e al Portogallo. Li ottiene dalla regina Isabella di Spagna.
Parte il 3 agosto 1492 da Palos e, dopo 70 giorni di mare, sbarca nell'Isola di Guanahani, dell'Arcipelago delle Bahamas, da lui chiamata San Salvador.
Colombo è convinto di essere arrivato nell'Estremo Oriente, non sa di avere scoperto un nuovo continente.
La scoperta di Colombo apre la via a molte altre imprese che allargano i confini geografici, economici e culturali del Vecchio Mondo. L'uomo diventa più consapevole della sua forza e della sua potenza; la sua mente si apre a maggiori possibilità nella scienza e nel pensiero.
I viaggi di Colombo, Cabral, Vespucci e Magellano, oltre a rivelare l'esistenza di nuove terre, fanno entrare in contatto gli Europei con gli abitanti delle terre scoperte.
I primi viaggiatori chiamano genericamente gli indigeni *indios* e li considerano dei primitivi.
L'America precolombiana è molto arretrata rispetto al mondo euro-asiatico, ma in alcune zone del nuovo continente si sono formate anche civiltà notevolmente progredite, come quelle dei Maya, degli Aztechi, la civiltà Chibcha e la civiltà del popolo Quechua, dominato dagli Incas.
L'incontro tra il mondo europeo e quello precolombiano si è risolto in un disastro. I "conquistadores" non si sono fermati di fronte a nulla. Hanno distrutto secoli di storia, cultura e civiltà. Hanno annientato intere popolazioni.

☞ ***Esprimete la vostra opinione riguardo ai vantaggi e agli svantaggi della scoperta dell'America.***

FRANCOBOLLI COMMEMORATIVI DEI VIAGGI DI COLOMBO

II. La Riviera dei Fiori

La Liguria è una regione dove si coltivano fiori tutto l'anno grazie al clima mite.
A San Remo, si svolge ogni anno, in febbraio, un famoso concorso canoro: il Festival di San Remo, chiamato anche Festival dei Fiori. Vi partecipano sempre importanti personaggi dello spettacolo italiano ed internazionale.
I fiori in Liguria hanno molta importanza nell'economia. In Italia si utilizzano principalmente come ornamento e come omaggio. La rosa viene considerata la regina dei fiori. Le rose vengono regalate di colore diverso secondo l'occasione. Quelle rosse significano amore e passione. Quelle bianche sono simbolo di purezza. Le viole mammole rappresentano la primavera. Sono, infatti, tra i primi fiori a sbocciare al ritorno della bella stagione. I crisantemi sono i tipici fiori che ornano le tombe dei morti.

(Foto Aldo Cari)

☞ ***Quali sono i fiori tipici del vostro paese?***
Quali hanno un significato particolare? Qual è?

☞ ***Come sono utilizzati (abbelliscono i giardini, le terrazze; si regalano in particolari occasioni; si usano nell'alimentazione)?***

III. Le Cinque Terre

(Foto Aldo Cari)

Una delle zone più suggestive della Liguria è quella delle Cinque Terre. E' una sottile striscia di terra tra il mare e la montagna. Fino a qualche anno fa era completamente isolata. L'unica via di accesso era il mare. Poi è stata aperta una strada che collega le Cinque Terre al resto della Liguria. La località comprende cinque piccoli paesi situati in posizioni stupende: Monterosso, Corniglia, Vernazza, Riomaggiore e Manarola.
L'agricoltura di questi paesi si basa sulla coltivazione delle viti, degli olivi e degli agrumi. Gli agricoltori, per sfruttare meglio i loro terreni, praticano la coltivazione a terrazze: sui pendii delle montagne si ricavano campi simili a terrazze degradanti.

☞***Avete mai visto "coltivazioni a terrazze"?***
Se sì, dove?

Emilia Romagna

DATI STATISTICI				
Province	Superficie (km^2)	Popolazione	Densità	N°Comuni
Bologna	3 702	904 123	244	60
Ferrara	2 632	356 191	135	26
Forlì	2 376	350 238	147	30
Modena	2 690	608 550	226	47
Parma	3 449	391 521	113	47
Piacenza	2 589	267 147	103	48
Ravenna	1 859	349 778	188	18
Reggio n. Emilia	2 293	428 600	187	45
Rimini	534	264 667	496	20
EMILIA-ROMAGNA	**22 123**	**3 920 815**	**204**	**341**

Leggere

Francesco, un giovane avvocato di Perugia, si ferma a Bologna due giorni per lavoro. La sera va a prendere un aperitivo in un bar di Piazza Maggiore con Roberto, un collega di Bologna.

Francesco Ogni volta che mi trovo in Piazza Maggiore resto incantato dalla bellezza dei suoi edifici pubblici.

Roberto Lo stile romanico e quello gotico si fondono in modo molto armonioso.

Francesco Il centro storico di Bologna è conservato molto bene.

Roberto Qui è stata realizzata una delle prime zone pedonali in Italia.

Francesco Meno male che le macchine sono sparite! Non se ne può più del traffico! Almeno qua la gente può passeggiare tranquillamente e i bambini possono giocare e correre senza pericolo.

Roberto Be', i bolognesi ci tengono alla qualità della vita.

Francesco A cominciare dalla cucina, che è fra le migliori in Italia. Tua madre fa dei piatti deliziosi!

Roberto E' molto orgogliosa della sua pasta fatta in casa, e del sugo che fa cuocere per ore e ore.

Francesco L'ultima volta che sono venuto a casa tua ho mangiato dei tortellini!

Roberto E stasera assaggerai la "salama da sugo" di Ferrara che è squisita.

Francesco Ogni volta che vengo a Bologna, ingrasso di alcuni chili. Comunque anche mia madre cucina molto bene. Recentemente ho invitato Vittorio, un mio amico, a cena e mia madre ha fatto le tagliatelle al tartufo nero di Norcia.

Roberto Facciamo quattro passi prima di cena, che ne dici?

Francesco A me piace molto passeggiare lungo i portici.

Roberto Be', sono uno degli elementi caratteristici di Bologna. Sono i più lunghi del mondo: 35 km!

Francesco Ah! Non solo sono belli dal punto di vista architettonico, ma sono anche molto pratici.

Roberto Certo. D'estate proteggono dal sole e dal caldo, e d'inverno dalla pioggia e dalla neve.

Francesco Insomma sono una specie di passaggio pedonale coperto.

Roberto Sono stati costruiti per realizzare un numero maggiore di case.

Francesco Ho letto che al Teatro Regio di Parma si rappresenta "L'Aida". Mi piacerebbe andarci, ma purtroppo domani devo tornare a Perugia.

Roberto Il "Regio" di Parma è uno dei teatri lirici più importanti d'Italia, e il pubblico parmense è considerato uno dei più competenti, ma anche uno dei più critici al mondo.

Francesco Anch'io ho sentito che un'esibizione a Parma può essere l'inizio ma anche la fine di una carriera.

Roberto Parma è una delle città più ricche d'Italia. Ci sono molte grandi imprese come la Barilla, la Parmalat e tante altre.

Francesco In Emilia industria e agricoltura sono strettamente legate, no?

Roberto Infatti. Con il latte locale si fa il Parmigiano Reggiano, che viene lavorato con macchinari costruiti nella zona. Ci sono grandi allevamenti di maiali che forniscono la materia prima per salumi e prosciutti. Le barbabietole da zucchero vengono trasformate negli zuccherifici del Ferrarese, e via dicendo.

Francesco Insomma è un'economia molto solida.

Roberto Sì. Poi ci sono anche le famose spiagge della Romagna che attirano ogni estate molti turisti italiani e stranieri. Economicamente arricchiscono la regione.

Francesco Ci sono stato anch'io nella riviera romagnola. La conosco bene. Le spiagge sono grandi, sabbiose e molto affollate. Ci sono tante occasioni di divertimento soprattutto di sera.

Roberto Si sono fatte le otto. Direi di avviarci verso casa. Mia madre ci aspetta a cena.

Comprendere

☞ ***Dite se sono vere o false le seguenti affermazioni:***

	Vero	*Falso*
1. Il centro storico di Bologna è molto trafficato.	❑	❑
2. Le madri di Francesco e Roberto sono delle brave cuoche.	❑	❑
3. I portici di Bologna sono utili come attraversamento pedonale.	❑	❑
4. Esibirsi davanti al pubblico di Parma è molto difficile.	❑	❑
5. In Emilia Romagna l'industria elabora i prodotti dell'agricoltura e dell'allevamento locali.	❑	❑
6. Le spiagge della Romagna sono poco frequentate.	❑	❑

Spiaggia di Rimini (Foto Peter Barstorfer-Klein)

Conoscere

I. Federico Fellini

Nel testo che segue si parla di Federico Fellini, regista italiano, autore di film conosciuti in tutto il mondo.

- Cosa sapete della sua vita?
- Cosa sapete dei suoi film?

☞ ***In coppia completate i seguenti schemi:***

LA SUA VITA	I SUOI FILM

Per saperne di più, leggete le seguenti informazioni:

F.Fellini nasce a Rimini, in Emilia Romagna, nel 1920. Alla fine degli anni '30 va a Roma dove scrive per il cinema e disegna per giornali umoristici.

Dal 1952 comincia a dedicarsi completamente al cinema. Di questo anno è "Lo Sceicco Bianco". La sua opera successiva è "I Vitelloni" (1953) in cui descrive il mondo dei giovani di provincia, incapaci di vivere con senso di responsabilità. (Dopo questo film la parola "vitellone" è entrata nell'italiano comune e si riferisce al giovane che non riesce a crescere).
Del 1954 è il film "La Strada", del 1957 "Le Notti di Cabiria" e del 1959 "La Dolce Vita". (Anche questo titolo è diventato un'espressione dell'italiano contemporaneo. Fare la dolce vita significa condurre un'esistenza facile, vivere agiatamente e con superficialità).
In tutti questi film F.Fellini riprende aspetti della vita quotidiana, ma li descrive con molta immaginazione e fantasia. Personaggi importanti di questo suo mondo sono i clown, di cui parlerà anche in film successivi, come in "I Clowns" del 1970. In "Otto e Mezzo", passato e presente si fondono ed è difficile trovare la trama perché le immagini sono separate l'una dall'altra.
A partire dagli anni '70 la tematica dei film di Fellini è il passato. "Amarcord" descrive la vita di provincia, in particolare quella del paese d'origine del regista. "Amarcord" è un'espressione romagnola che significa "mi ricordo".
Un personaggio importante della vita artistica e privata di Fellini è la moglie, Giulietta Masina, protagonista di molti suoi film famosi, come "Giulietta degli Spiriti" e "Otto e Mezzo".
Fellini, con il passare degli anni, è diventato un punto di riferimento per il cinema italiano. La sua morte (31 ottobre 1993) ha provocato un grande vuoto.

Grand Hotel di Rimini celebrato nel film "Amarcord"
(Foto Fulvio Colavero)

II. L'Emilia Romagna e la Musica

A. Il Liscio

L'Emilia Romagna è la patria di artisti famosi in tutto il mondo come il tenore Luciano Pavarotti, il direttore d'orchestra Riccardo Muti e il grande musicista Giuseppe Verdi (1813-1901). L'Emilia Romagna è anche la culla della musica folkloristica sulle cui note si balla "*il liscio*" in caratteristici locali detti "*balere*" o in feste all'aperto. Il Liscio è un insieme di balli figurati e a coppia quali il valzer, la polka, la mazurka, il tango e il cha-cha-cha. L'orchestra folkloristica più famosa è il complesso *Casadei* che ha dedicato in modo specifico all'Emilia Romagna la canzone "*Romagna mia*".

ROMAGNA MIA viene incisa da grandi cantanti, tra cui Claudio Villa, Narciso Parigi, Nilla Pizzi, Orietta Berti, Rosanna Fratello e da vari complessi; in seguito, l'orchestra lanciatissima dell'ormai famoso Raoul fa di essa il suo fiore all'occhiello. Più tardi viene tradotta in curiose versioni in russo, giapponese e argentino. Anche Francesco Guccini, Gigi Proietti e Jovanotti (in versione rap) l'hanno cantata e, insieme allo scanzonatissimo pubblico di INDIETRO TUTTA, Renzo Arbore; la canta anche il grande Pavarotti con gli amici durante le cene. Alcuni complessi giovani l'hanno proposta a rock, disco, funky.

Nel 1994, ROMAGNA MIA ha festeggiato i suoi splendidi 40 anni, applaudita dal pubblico romagnolo e non, dimostrando così di non appartenere più solo alla sua terra, ma al mondo intero.

ROMAGNA MIA

Romagna, Romagna mia
lontan da te
non si può star.
Sento la nostalgia di un passato
dove la mamma mia ho lasciato
non ti potrò scordar casetta mia
in questa notte stellata
la mia serenata
io canto per te.
Romagna mia, Romagna in fiore
tu sei la stella, tu sei l'amore
quando ti penso vorrei tornare
dalla mia bella al casolare.
Romagna, Romagna mia
lontan da te
non si può star.
Romagna mia, Romagna in fiore
tu sei la stella, tu sei l'amore
quando ti penso vorrei tornare
dalla mia bella al casolare.
Romagna, Romagna mia
lontan da te non si può star.

☞ ***Esiste nei vostri paesi musica folkloristica?***
Dove si balla?
Chi balla questo tipo di musica?

B. La Riviera delle Discoteche

L'Emilia Romagna (in particolare Rimini, Riccione e altre località della costa) è la regione italiana dove si trovano le discoteche più particolari. Ce ne sono per tutti i gusti. Per il fine settimana arrivano giovani da tutte le parti d'Italia, anche da Roma, Firenze e Milano.

☞***Leggete il testo della seguente canzone e poi rispondete alle domande di pagina 102:***

Si va via

Prodotta da Jovanotti
Project Manager Claudio Cecchetto
Edizioni: Polygram, Soleluna, D.J's Group

Sono un deejay che lavora in diversi locali frequentati da ragazzi più o meno normali che lavorano durante la settimana o che abitano in qualche zona lontana da questa discoteca dove al sabato sera è l'unico locale dove c'è un'atmosfera un po' giusta arriva un po' di gente potrebbe trasformarsi in una storia divertente allora via si va via qualcuno c'ha la macchina qualcuno l'energia intesa in tanti modi, quello dipende ognuno può affrontare la notte che scende nel modo che gli pare gli piace e gli pare allora è un altro sabato che sta per cominciare però però però non c'è niente da dire la voglia di far festa e quella di fuggire da quando il mondo è mondo si possono incontrare e c'è qualcuno che sceglie di andare a ballare da me metto su la musica più forte che c'è e allora c'è qualcuno che per venire da me si fa cento chilometri e io che posso fare quando li vedo qui li faccio ballare li prendo e me li porto dietro fino al sole e tutto il resto sono parole sono un digei vedo molto io dall'alto di questi piatti ne ho viste io di cose io ne ho visti di fatti ho visto una signora ingioiellata far la figa ho visto un entra ed esci per pipparsi qualche riga che finisce dentro il naso di un figlio di papà che si nasconde dentro all'Università ho visto uomini baciarsi tra di loro con affetto e coppie miste che non vanno più d'accordo neanche a letto ho visto dei politici arrivare con la scorta li ho visti strafottenti mentre fan la mano morta alle bionde con la minigonna con un sogno nel cassetto ed ho saputo di quel sogno addormentarsi dentro al letto ma più di ogni altra cosa ho visto gente regolare che veniva qui a ballare, a rimorchiare vivendo questo tempo in modo attivo ma anche onesto ognuno nel suo mondo e son parole tutto il resto parole che però mi piacerebbe raccontare in questo sabato che sta per cominciare e allora via si va via si va via in culo a questa notte e pure alla polizia la strada la conosco e questa macchina di papà stasera che io bevuto sembra che vada le metà e io che da dieci anni torno a casa a quest'ora all'ora che di solito la gente poi lavora girando le statali dalla uno alla mille ho visto tante macchine poi fare le scintille con la carrozzeria che grattava il catrame ho visto le lamiere diventare come lame sull'asfalto ho visto macchine come lattine d'aranciata accartocciarsi intorno a un albero dopo una sbandata e allora non c'è sabato che in una provinciale non c'è lo stronzo che mi sorpassa male in curva sulla destra mi passa a centottanta diretto verso il buio di questi anni novanta e io sono un deejay e il lunedì c'ho la nausea non posso poi non chiedermi qual è la causa ma poi me ne dimentico e in fondo son sincero a quello del sorpasso io dedico un pensiero pensiero di fratello pensiero un po' tetro e brutto quando sbagli non poter tornare indietro ripenso a tutti i miti della gioventù bruciata al mito dell'eccesso alla vita spericolata fanculo alla Ferrari e pure al maggiolino non valgono il sacrificio neanche di un moscerino spiaccicato sopra al vetro di un sabato da pazzi niente giudizi però per quei ragazzi sono figli di questo tempo che ha poco tempo per le morali sono ragazzi, ragazzi "normali" figli di questo tempo un po' malato nei contenuti che questo rap sia un monumento ai caduti di una guerra che fa vittime di diciotto anni sacrificate al dio dei grandi inganni comunque tutto questo non fa parte del mio lavoro tutto questo va molto oltre ogni stupido coro di questi moralizzatori che son sempre ciò che è giusto che in fondo al lunedì mattina ci provan gusto tutto questo con gli orari di chiusura dei locali con la birra e con gli amori c'entra poco perché ho sempre fatto tardi e chi ha in mano la risposta sono dei bugiardi io non ho risposta alcuna ho soltanto la mia rabbia nel vedere molta gente come me dentro una gabbia nel vedere che la libertà diventa paradosso e la trovi la mattina spiaccicata dentro a un fosso...

1) Di quale argomento parla la canzone?
2) Chi sono le persone che frequentano le discoteche?
3) Che pericoli ci sono all'uscita delle discoteche?
4) Secondo l'autore della canzone, c'è una soluzione alle "morti del sabato sera"?

☞ ***Secondo voi, quali sono i pro e i contro delle discoteche?***

(Foto Aldo Cari)

III. La cucina romagnola

L'Emilia Romagna è molto famosa per la sua cucina. Alcuni piatti romagnoli sono conosciuti in tutto il mondo.
Ecco l'immagine di alcune specialità:

LA PIADINA

LE LASAGNE

I TORTELLINI

LE TAGLIATELLE

(Foto Aldo Cari)

Questi sono alcuni dei gustosi prodotti alimentari dell'Emilia Romagna. Ci sono poi salumi, piatti a base di pesce e formaggi, tra cui ottimo è il Parmigiano Reggiano.

☞*Conoscete la cucina italiana?*

Prima di rispondere a questa domanda, leggete i seguenti brani tratti dall'articolo di Cesare Marchi, "Mani in pasta", pubblicato sul settimanale "Panorama" del 2 settembre 1990.

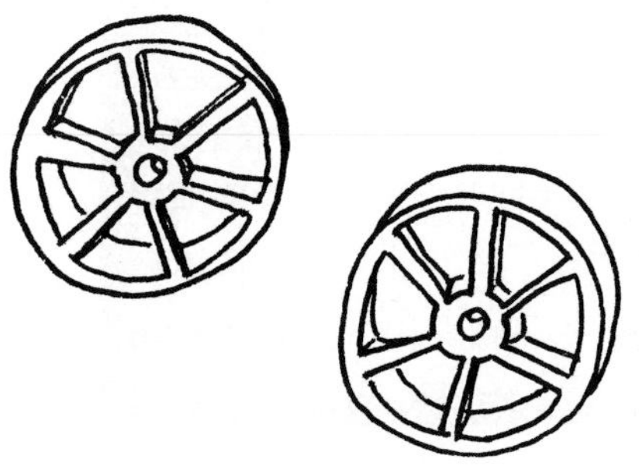

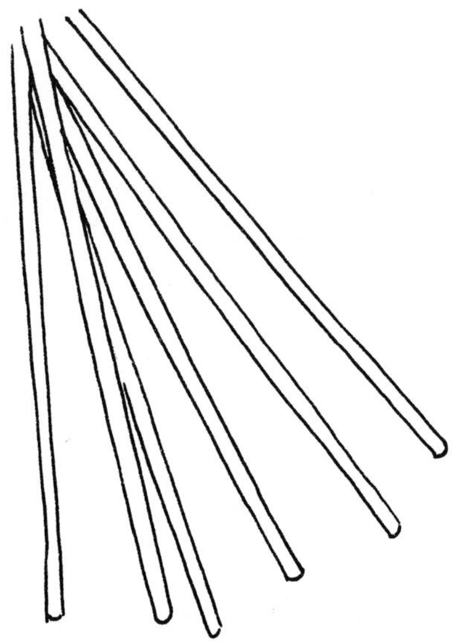

[...] quando scocca l'ora del pranzo, seduti davanti a un piatto di spaghetti, gli abitanti della Penisola si riconoscono italiani come quelli d'oltre Manica, all'ora del tè, si riconoscono inglesi. Neanche il servizio militare, neanche il suffragio universale (non parliamo del dovere fiscale) esercitano un eguale potere unificante. L'unità d'Italia, sognata dai padri del Risorgimento, oggi si chiama pastasciutta; per essa non si è versato sangue, ma molta pummarola. [...]

[...] Già che ci siamo, parliamo dell'origine del nome. Gli etimologisti non si sono ancora messi d'accordo. C'è chi lo fa derivare dal greco *màcares*, i beati, cioè i morti, supponendolo un cibo rituale, in onore dei defunti. Qualche altro si rifà al latino popolare *maccare*, premere, perché la sfoglia viene premuta con forza (in alcuni dialetti del Nord Italia si usa tuttora, in questo senso, il verbo *macàr*). Altri si collegano alla maschera di Macco, un personaggio delle commedie atellane, una sorta di odierno *Pulcinella*. In senso traslato, *macaròn* in veneto si dice d'una persona sciocca, malaccorta. Quando un francese vuol offendere un italiano gli grida *macaronì*, e mi pare ridicolo adoperare una cosa così buona per esprimere rimprovero o disprezzo. E' come se noi, per insultare un francese, gli gridassimo *champagne*. [...]

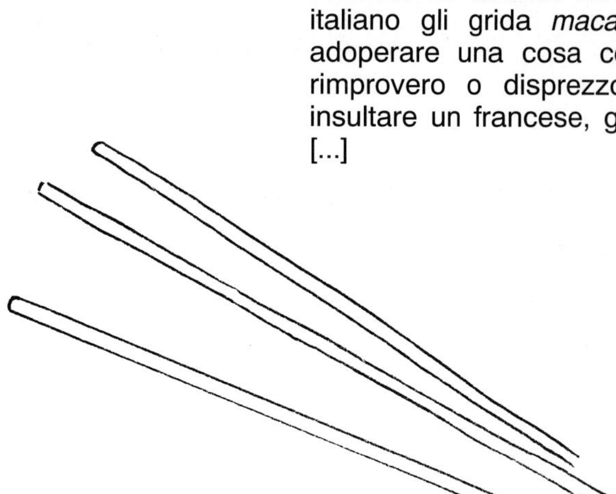

[...] La pasta scatena nella mente un valzer di metafore, spaghetti, spaghettini, penne, pennoni, rigatoni, bucatoni, fidelini, trenette, tortiglioni. Alcune vengono dal mondo della zoologia, ed ecco le farfalle, le farfalline, le conchiglie, le conchigliette, le chiocciole, le creste di gallo, le code di rondine, gli occhi d'elefante, i vermicelli (piccoli vermi), i lumaconi, le linguine, le orecchiette. Dalla botanica: i fiori di sambuco, la gramigna, i sedani. Dalla religione: i capelli d'angelo, le manjiche di frate, le avemmarie, i cappelli da prete. Aggiungiamo i fusilli, spaghetti arrotolati a mano attorno a un ferro da calza, somiglianti alle treccine del cacciatore Gullit. Nello scegliere la *sua* pasta, l'italiano è un poeta, e non lo sa. Quando poi golosamente risucchia il bucatino, diventa musicista, facendolo fischiare come un piffero all'incontrario. [...]

☞ ***Scegliete la soluzione esatta:***

1. *Secondo C.Marchi, gli abitanti d'Italia si sentono italiani*

   ❑ quando sono a tavola
   ❑ quando mangiano la pastasciutta
   ❑ quando pagano le tasse

2. *Gli etimologisti*
   ❑ dicono che la parola "maccheroni" deriva da un cibo rituale greco
   ❑ collegano la parola "maccheroni" alla maschera di Macco
   ❑ non sono d'accordo sull'origine del nome "maccheroni"

3. *Quando mangia la pasta l'italiano è*
   ❑ musicista e poeta
   ❑ amante della natura
   ❑ soddisfatto

☞ ***Nel vostro paese esiste un piatto-base come in Italia la pastasciutta? Se sì, qual è?***

☞ ***Dite quali sono le abitudini alimentari del vostro paese e, con l'aiuto della vostra insegnante, confrontatele con quelle italiane.***

IV. L'Italia in miniatura

A Viserba di Rimini si trova l'Italia in miniatura. E' una grande mostra all'aperto, unica al mondo, dove realtà e fantasia, storia e geografia, arte e divertimento si incontrano in uno scenario vivace e suggestivo.
In "poco" spazio è possibile ammirare oltre 260 meraviglie architettoniche e paesaggistiche perfettamente riprodotte.
Si possono osservare le principali città italiane, con piazze, monumenti, chiese, torri...
Sono riconoscibili anche fiumi, laghi e monti.
Lungo l'itinerario ci sono punti di ristoro che contribuiscono a rendere piacevole il "viaggio".
L'Italia in miniatura permette di conoscere in piccolo l'espressione di un'arte che è testimonianza di cultura e civiltà.

Bari

Verona

San Marino

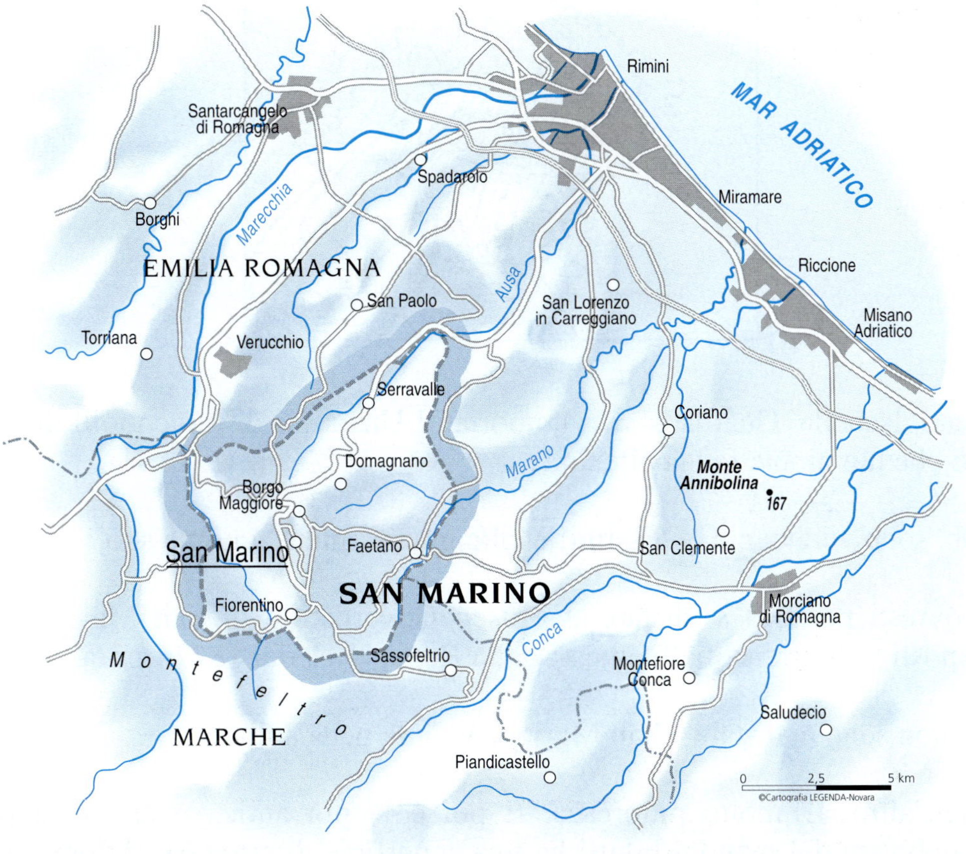

DATI STATISTICI DI SAN MARINO	
Superficie (km²)	Popolazione
60,97	25 068

Leggere

Vittorio, ritornato da una gita a San Marino, va a trovare la sua collega Isabella.

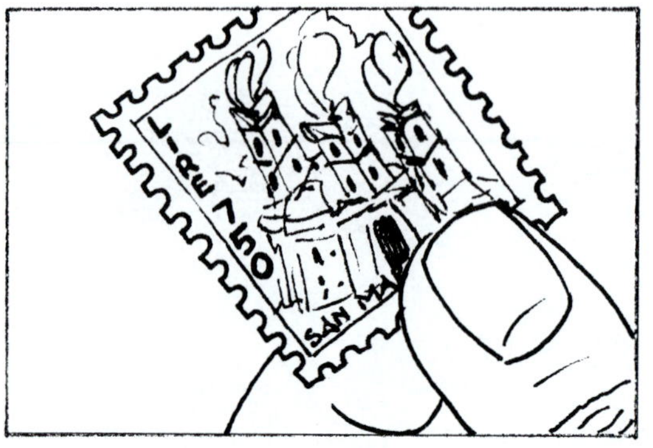

Vittorio Ciao, Isabella. Guarda cosa ti ho portato! Una serie di francobolli di San Marino. So che tuo nipote fa la collezione.

Isabella Oh, sono veramente bellissimi! Molte grazie, anche a nome suo.

Vittorio Dovresti portarlo a visitare il Museo Governativo di San Marino in cui sono esposti tutti i francobolli emessi dalla Repubblica dal 1877 finora.

Isabella Io non sono mai stata a San Marino. Vale la pena andarci?

Vittorio Senz'altro. E' molto pittoresca. E poi è la più antica e anche la più piccola repubblica del mondo. Infatti ha una superficie di circa 61 chilometri quadrati e una popolazione di poco più di 20mila abitanti.

Isabella Che lingua si parla?

Vittorio L'italiano, comunque la gente parla anche un dialetto romagnolo.

Isabella Quando è stata fondata la Repubblica di San Marino?

Vittorio All'inizio del IV secolo da uno scalpellino dalmata di nome Marino che, sfuggito alle persecuzioni di Diocleziano, si era ritirato con una comunità di cristiani sul Monte Titano per fare vita ascetica.

Isabella E' incredibile che questa piccola Repubblica sia riuscita a mantenere l'indipendenza per tanti secoli.

Vittorio Sì, infatti sia i vescovi vicini, sia i Malatesta, i signori di Rimini, nonché lo Stato della Chiesa hanno spesso accampato pretese. Ma grazie ad una indovinata politica di alleanze, un po' con i duchi di Montefeltro, un po' con Federico, duca d'Urbino, è sempre riuscita a tenere testa ai propri avversari.

Isabella Di cosa vivono i Sammarinesi?

Vittorio L'economia si basa soprattutto sul turismo e sulla produzione e vendita di souvenir. C'è anche un po' di agricoltura e di allevamento. Una delle risorse economiche principali è l'emissione di francobolli che garantisce notevoli entrate.

Isabella Come viene governata San Marino?

Vittorio C'è un Gran Consiglio che è composto di 60 membri, tra cui ogni sei mesi vengono eletti i capitani reggenti. Il primo aprile e il primo ottobre di ogni anno c'è una suggestiva cerimonia di investitura in cui si possono ammirare le uniformi e gli antichi costumi di San Marino.

Isabella C'è molto da vedere?

Vittorio C'è la Basilica di San Marino, in stile neoclassico, in cui è custodita la tomba del patrono. Si possono ancora vedere le nicchie scavate nella roccia, in cui hanno abitato San Marino e San Leo. Poi c'è il Museo Postale Filatelico Numismatico che è molto interessante. Comunque una delle cose più belle è il panorama che si gode dalle rocche, sono tre in tutto: c'è una vista stupenda sugli Appennini e sulla pianura. Quando la visibilità è buona, si vede Rimini e perfino il mare e la costa dalmata.

Isabella Mi hai fatto proprio venire la voglia di andarci!

Vittorio Magari insieme, che ne dici?

Comprendere

☞ ***Completate le seguenti frasi:***

1. San Marino è ....

2. San Marino ha ....

3. A San Marino si parla ....

4. La Repubblica di San Marino è stata fondata ....
da ....

5. San Marino è riuscita ....

6. L'economia di San Marino si basa ....
....

7. La Repubblica di San Marino è governata ....
....

8. A San Marino ci sono ....

San Marino (Foto Fulvio Colavero)

Conoscere

I. La Repubblica di San Marino

E' una Repubblica molto antica.
Si trova sul Monte Titano, tra l'Emilia Romagna e le Marche, vicino a Rimini, ma non fa parte dello Stato italiano. E' uno Stato piccolissimo: ha una superficie di 60 Km^2 circa, dove vivono oggi 18.000 abitanti.
Secondo la leggenda, la storia di San Marino inizia quando un tagliapietre di nome Marino si rifugia con altri cristiani sul Monte Titano per vivere da eremita. I Cristiani in quel periodo erano perseguitati dall'imperatore Diocleziano.
Marino e un altro cristiano di nome Leone fondano due comunità religiose: una dove oggi si trova San Marino, un'altra nella zona di San Leo.
Nei secoli successivi, gli abitanti della pianura cercano rifugio sul Monte Titano per sfuggire ai barbari e nell'XI secolo danno origine ad un libero comune. Dopo il Risorgimento San Marino si lega al nuovo Stato italiano con accordi economici e politici.
Nel governo di San Marino, il potere legislativo è esercitato dal Consiglio Grande e Generale costituito da 60 membri eletti dalla popolazione per 6 anni. Il potere esecutivo è esercitato dai due Capitani Reggenti eletti dal Consiglio Grande per 6 mesi.
La Repubblica di San Marino è indipendente, conia monete, emette francobolli, concede titoli nobiliari.
Oggi l'economia si basa sul turismo (circa due milioni di visitatori ogni anno).

San Marino (Foto Fulvio Colavero)

II. La Repubblica di Cospaia

San Marino non è l'unica repubblica che ha avuto vita in Italia. C'è anche la piccolissima Repubblica di Cospaia che si trova a circa 100 km da San Marino, al confine tra l'Umbria e la Toscana.
Cospaia è stata per 357 anni la più piccola Repubblica del mondo. Le sue origini risalgono al 1441 quando, a causa di controversie tra lo Stato Pontificio e la dominazione fiorentina, viene stabilito il confine tra i due stati.
Per un errore topografico, Cospaia rimane esclusa e si autogoverna con una sola legge scritta sulla porta della chiesa: "PERPETUA ET FIRMA LIBERTAS".
La sua indipendenza finisce la prima volta nel 1798, quando viene inclusa nel cantone dipartimentale di Perugia, chiamato anche del Trasimeno; definitivamente nel 1826, con la spartizione tra il Granducato di Toscana e lo Stato Pontificio.
Ancora oggi i turisti visitano il piccolo paese di Cospaia, attirati dalla sua particolare storia.

Cospaia (Foto Aldo Cari)

III. La Repubblica italiana

I tre poteri ufficiali sui quali si regge lo Stato italiano sono: il legislativo, l'esecutivo e il giudiziario.

Il *potere legislativo* è esercitato dal Parlamento che è costituito dalla Camera dei Deputati e dal Senato della Repubblica, che hanno sede rispettivamente a Montecitorio e a Palazzo Madama. Per eleggere i Deputati il cittadino italiano deve avere 18 anni, per eleggere i Senatori 25; per essere eletto Deputato 21, Senatore 40, Presidente della Repubblica 50; per votare proposte soggette a Referendum 18. La sede della Presidenza è il Quirinale.
Deputati e senatori rimangono in carica 5 anni, il Presidente della Repubblica 7.
Il *potere esecutivo* è in mano al Governo.
Il *potere giudiziario* spetta alla Magistratura.

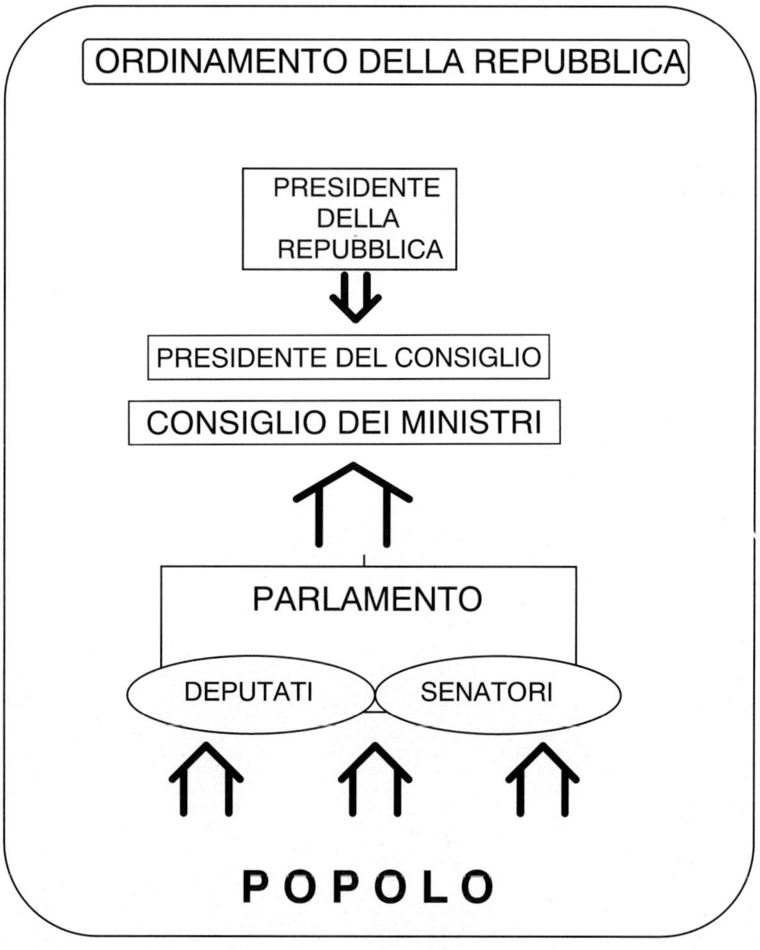

Il Popolo elegge Deputati e Senatori.
Senatori e Deputati costituiscono il Parlamento.
Il Parlamento approva le leggi e conferma o revoca la fiducia al Governo.
Il Presidente e i Ministri insieme formano il Governo.
Il Governo applica le leggi e dirige la vita del Paese.
Il Presidente della Repubblica è il Capo dello Stato e designa il Presidente del Consiglio.

Toscana

DATI STATISTICI

Province	Superficie (km²)	Popolazione	Densità	N°Comuni
Arezzo	3 232	316 312	98	39
Firenze	3 514	954 661	272	44
Grosseto	4 504	217 127	48	28
Livorno	1 213	337 061	278	20
Lucca	1 773	375 588	212	35
Massa-Carrara	1 157	200 281	173	17
Pisa	2 448	384 568	157	39
Pistoia	965	265 673	275	22
Prato	366	219 878	601	7
Siena	3 821	250 977	66	36
TOSCANA	**22 993**	**3 522 126**	**218**	**287**

Leggere

Christine, una studentessa tedesca che studia l'italiano all'Università di Passau, è ospite di Paola, una sua amica fiorentina. Parlano della Toscana.

Paola Allora, Christine, che ne dici della Toscana? Ti piace?

Christine Molto. Prima di venire da te a Firenze, ho girato un po' la Toscana. Mi ha colpito soprattutto il suo paesaggio molto vario: infatti ci sono i dolci colli con i caratteristici cipressi e vigneti, ci sono le montagne di marmo delle Alpi Apuane, la pianura della Maremma, il mare, i boschi, insomma non annoia mai.

Paola E che impressione ti ha fatto Firenze?

Christine E' splendida. E' una meravigliosa città d'arte con il Duomo, le chiese, gli Uffizi e gli altri musei, il Palazzo Vecchio, la Piazza della Signoria, insomma è la Mecca di ogni appassionato d'arte.

Paola Comunque Firenze è stata una città importante anche dal punto di vista economico: infatti, nel 1262, furono i banchieri fiorentini a creare le lettere di cambio che diedero un impulso eccezionale al commercio europeo. Inoltre una delle più antiche banche del mondo è il "Monte dei Paschi" di Siena.

Christine Chi ha costruito la cupola del duomo?

Paola E' del Brunelleschi, mentre il Campanile è di Giotto. Per salire sulla Cupola bisogna fare 463 gradini, mentre per salire sul Campanile solo 414. Comunque la vista è molto bella.

Christine Io ci salgo in ogni caso, anche perché il moto fa bene e stimola l'appetito, per cui dopo possiamo mangiare una bella bistecca alla fiorentina, che ne dici?

Paola Ottima idea. Conosco una trattoria in cui la fanno molto bene. A proposito di bistecche, lo sai che all'inizio, sul Ponte Vecchio, non c'erano gioiellerie come oggi, ma macellerie. Poi il ponte fu ristrutturato.

Christine Una delle cose che mi piace di più di Firenze è il Giardino di Boboli. E' ideale per riposarsi dopo aver visitato musei e monumenti.

Paola E' un tipico esempio di giardino all'italiana, con viali, fontane, boschetti, statue e belle vedute. C'è anche un antico caffè tedesco, il Kaffeehaus.

Christine Ho sentito parlare dello "Scoppio del carro". Che cos'è esattamente?

Paola E' una delle manifestazioni più famose di Firenze. Si svolge la domenica di Pasqua in Piazza Duomo. Un razzo parte dall'altare maggiore e, lungo un filo, incendia i petardi del carro. E' una cerimonia propiziatoria per un buon raccolto.

Christine Vedo che ho ancora molto da imparare. Domani comincia il mio corso al "Centro Pontevecchio" e voglio studiare molto per migliorare il mio italiano.

Paola Hai scelto la regione ideale! Infatti la Toscana, con Dante, Petrarca e Boccaccio, è la culla dell'italiano.

Comprendere

☞ ***Scegliete la risposta esatta:***

1. Il paesaggio della Toscana
- ❑ annoia.
- ❑ è vario.
- ❑ è montuoso.

2. Firenze è
- ❑ una città attualmente importante dal punto di vista economico.
- ❑ un luogo di pellegrinaggio.
- ❑ una città d'arte.

3. Sul Ponte Vecchio
- ❑ ci sono macellerie.
- ❑ c'erano gioiellerie e macellerie.
- ❑ ci sono gioiellerie.

4. Il Giardino dei Boboli è
- ❑ un giardino all'italiana.
- ❑ un antico caffè tedesco.
- ❑ un museo all'aperto.

5. Lo Scoppio del Carro è
- ❑ una cerimonia per festeggiare la Pasqua.
- ❑ una tradizione fiorentina legata all'agricoltura.
- ❑ una manifestazione fiorentina poco conosciuta.

Ponte Vecchio - Firenze (Foto Aldo Cari)

Conoscere

I. La Toscana: culla dell'italiano

A. La nascita dell'italiano

☞ ***Conoscete qualche dialetto italiano?***

☞ ***Sapete perché l'italiano è nato in Toscana?***

Leggete il seguente testo e avrete qualche informazione in più sull'argomento.

Per molto tempo, dopo la fine dell'impero romano, la lingua scritta è il latino. Si sviluppa, però, anche il volgare: la lingua usata dalla gente comune nella vita quotidiana. Nel 1200 il volgare comincia a diventare anche una lingua letteraria. Poesie ed opere letterarie vengono scritte in questa nuova lingua, diversa in ogni regione italiana: il fiorentino, il napoletano, il romano, il veneziano... Tutti i volgari derivano dal latino.
Nel 1200 e 1300, Firenze è il centro più importante per l'economia e la cultura. E' il punto di riferimento per i mercati finanziari del mondo conosciuto. I banchieri fiorentini prestano soldi anche a re, principi e papi. Questo spiega perché il fiorentino, nella seconda metà del 1200 e più ancora nel 1300, diventa la lingua letteraria italiana. La Divina Commedia di Dante Alighieri, il Canzoniere di Petrarca (una raccolta di poesie d'amore) e il Decamerone di Boccaccio (una raccolta di 100 novelle) diventano un esempio per gli altri scrittori del tempo. Queste opere sono un importante mezzo di unificazione linguistica. La Divina Commedia viene conosciuta in ogni ambiente sociale, anche in quelli più umili, nei mercati e nelle taverne.

☞ ***Rispondete alle seguenti domande:***

1. Cos'è il Volgare?

2. In quale periodo comincia a diventare la lingua degli scrittori?

3. Perché viene scelto il Volgare fiorentino, invece di altri Volgari, come lingua letteraria?

4. Quali sono le opere prese come esempio della nuova lingua?

☞Secondo voi, gli Italiani parlano un'unica lingua?
Qual è la situazione linguistica nel vostro Paese?

San Gimignano (Foto Peter Barstorfer-Klein)

B. Dante e La Divina Commedia

Dante Alighieri è uno dei personaggi fiorentini più conosciuti, soprattutto perché ha scritto la Divina Commedia. Quest'opera parla di un viaggio immaginario compiuto da Dante all'età di trentacinque anni nei tre regni dell'Aldilà: Inferno, Purgatorio e Paradiso. In questi mondi, il poeta incontra diversi personaggi dell'antichità e del suo tempo che gli parlano della loro vita terrena e della loro situazione dopo la morte.

Ecco alcuni tra i versi più conosciuti della Divina Commedia:

INFERNO, Canto I

A trentacinque anni ("*Nel mezzo del cammin di nostra vita*"), Dante si smarrisce (perde la "*diritta via*"), si trova in una foresta selvaggia ("*selva oscura*") e si spaventa. Inizia così il lungo e difficile viaggio che porta il poeta dal peccato alla salvezza.

Nel mezzo del cammin di nostra vita
mi ritrovai per una selva oscura,
ché la diritta via era smarrita.
Ahi quanto a dir qual era è cosa dura
esta selva selvaggia e aspra e forte
che nel pensier rinova la paura!

INFERNO, Canto V

Nel Quinto Canto, Dante racconta la storia d'amore di Paolo e Francesca. Francesca è costretta a sposarsi con Gianciotto Malatesta, signore di Rimini. E', però, innamorata di Paolo, fratello di Gianciotto. Un giorno Gianciotto sorprende Paolo e Francesca che si baciano e li uccide.
Nell'Inferno dantesco Francesca, ancora innamorata di Paolo, descrive la sua vicenda.

Amor, ch'a nullo amato amar perdona,
mi prese del costui piacer sì forte,
che, come vedi, ancor non m'abbandona.
Amor condusse noi ad una morte.
Caina attende chi a vita ci spense.

☞***Elencate le seguenti parole nel giusto riquadro:***

amore - paura - tradimento
buio - morte - strada

INFERNO - Canto I	**INFERNO - Canto V**
-	-
-	-
-	-

II. La Toscana rinascimentale

Firenze, nella seconda metà del 1400, diventa un importante centro artistico e culturale. E' questo il periodo in cui si sviluppa l'Umanesimo che rappresenta la prima manifestazione culturale del Rinascimento. Con l'Umanesimo, si ha il ritorno allo studio e al culto dell'antichità greco-romana.
Di fondamentale importanza per la diffusione della cultura umanistica è Lorenzo de' Medici, signore di Firenze dal 1469 al 1492. Lorenzo, detto il Magnifico, governa la Toscana con equilibrio e le dà un periodo di pace e ricchezza. E' anche un poeta e ama moltissimo l'arte. Così la sua corte diventa un centro per artisti, scultori e poeti provenienti da ogni parte d'Italia.
Dall'Umanesimo si sviluppa il Rinascimento che giunge al suo massimo splendore nel 1500. Con il Rinascimento si afferma un nuovo modo di concepire la vita. Si ha una grande rivalutazione dell'uomo e della sua posizione nel mondo.
La culla del Rinascimento è Firenze.
Tra il 1400 e il 1500 gli artisti toscani più famosi sono: Leonardo da Vinci, Piero della Francesca, Sandro Botticelli, Michelangelo Buonarroti e Niccolò Machiavelli.
Leonardo da Vinci (1452-1519) è pittore, architetto, scienziato, ingegnere e scrittore. E' famosissimo il suo quadro "La Gioconda" che si può ammirare al Museo del Louvre a Parigi.
Piero della Francesca (circa 1420-1492) è un pittore molto noto per i suoi studi sulla prospettiva. La sua opera maggiore è "La Leggenda della Croce" che si trova nella Chiesa di S.Francesco ad Arezzo.
Sandro Botticelli è un pittore che raffigura la natura trasfigurandola. I suoi personaggi sono idealizzati come si può notare nelle famose opere "La Primavera" e "La Nascita di Venere".
Michelangelo Buonarroti (1455-1510) è poeta, pittore, architetto e scultore. Realizza a Roma la straordinaria opera "Il Giudizio Universale" nella Cappella Sistina. E' autore della Cupola di S.Pietro, della Piazza del Campidoglio e di molti altri capolavori.
Niccolò Machiavelli (1469-1527) è uomo politico e scrittore. La sua opera più importante è "Il Principe", in cui espone i moderni principi dello stato e afferma che morale e politica devono essere separate.

☞ ***Conoscete altri personaggi famosi del Rinascimento italiano?***

☞ ***Nel vostro paese, c'è stato un periodo particolarmente importante per la produzione artistica? Se sì, parlatene.***

III.

☞ ***Dall'immagine riconoscete di quale festa tradizionale si tratta? Sapete dove si svolge?***

Per avere informazioni, leggete il testo della pagina seguente:

Il Palio di Siena

In Italia ci sono tante feste e tradizioni. Una di queste è il famoso Palio di Siena. La parola "*palio*" deriva da "*pallium*" (bandiera, drappo). Nel Palio è raffigurata la Madonna. Il drappo viene dato in premio al vincitore di una corsa di cavalli che si svolge due volte all'anno: il 2 luglio e il 16 agosto.
I cavalli, cavalcati senza sella, da fantini, devono correre e fare tre giri di Piazza del Campo. Alla gara partecipano le contrade.
Le contrade sono zone della città nelle quali la gente socializza e solidarizza.
I Senesi affermano che il Palio per loro, più che una tradizione consolidata, è una ragione di vita e che Siena sarebbe una città morta senza Palio.
Non sono dello stesso parere gli animalisti. Giudicano ingiusto il massacro di cavalli che si verifica quasi ogni anno. Nelle pericolose curve di Piazza del Campo i cavalli cadono facilmente, si feriscono e vengono abbattuti.
Molte associazioni animaliste, tra cui la lega antivivisionista, propongono di far correre il Palio soltanto ai fantini, ovviamente a piedi, per i classici 999 metri delle tre girate di Piazza del Campo.

☞***Dopo aver letto il testo, compilate la seguente griglia.***

IL PALIO DI SIENA	
Dove si svolge il Palio?	
Quando si svolge la gara?	
Chi partecipa?	
Chi è a favore della gara?	
Chi è contrario alla gara?	

☞***E voi, che cosa pensate del Palio di Siena?***
Solidarizzate con i Senesi o con gli animalisti?
Discutetene.

Marche

DATI STATISTICI				
Province	Superficie (km²)	Popolazione	Densità	N°Comuni
Ancona	1 940	439 944	227	49
Ascoli piceno	2 087	365 386	175	73
Macerata	2 774	297 887	107	57
Pesaro	2 893	338 372	117	67
MARCHE	**9 694**	**1 441 589**	**156**	**246**

Leggere

Mario di Ancona e Marzia di Roma sono a Cingoli, un paese delle Marche, a 631 metri d'altezza, da dove si gode una vista meravigliosa.

Mario Adesso capisci perché Cingoli è chiamato il "balcone delle Marche"?

Marzia Sì, c'è veramente un panorama splendido, a perdita d'occhio.

Mario Davanti a questa bellezza vorrei essere un poeta come Giacomo Leopardi.

Marzia E' il mio poeta preferito. All'esame di maturità ho dato un'interpretazione mia della poesia "A Silvia" che amo molto.

Mario Se vuoi, possiamo andare a Recanati per visitare la casa di Silvia, il Palazzo Leopardi, la piazzuola del "Sabato del villaggio" e il colle dell'Infinito.

Marzia Sarebbe bellissimo. E' sempre stato un mio grandissimo desiderio.

Mario Adesso finalmente puoi realizzarlo. Comunque tu sei appena arrivata e ci sono tante cose da vedere nelle Marche. Sono sicuro che Urbino ti piacerà moltissimo, anche perché è situata in una splendida posizione.

Marzia E poi è una delle più importanti città del Rinascimento. Il Duca Federico da Montefeltro è stato un grandissimo condottiero e mecenate.

Mario Infatti. Era molto amato dalla gente che lo chiamava "Luce d'Italia". La cosa curiosa è che tutti i suoi ritratti sono di profilo, perché in un torneo era stato ferito al naso e aveva perso l'occhio destro.

Marzia Il periodo del suo regno dev'essere stato splendido e la vita della corte di Urbino molto raffinata. Baldassarre Castiglione l'ha descritta nel suo libro "Il Cortigiano", il più famoso galateo italiano.

Mario A Urbino, nel Palazzo Ducale, dobbiamo visitare la Galleria Nazionale delle Marche dove c'è una serie di capolavori tra cui "La città ideale" di Piero della Francesca.

Marzia Naturalmente vorrei visitare la casa natale di Raffaello.

Mario E' molto interessante. C'è la sua prima opera: una Madonna con Bambino. Secondo gli studiosi, la Madonna sarebbe la madre di Raffaello, mentre il Bambino sarebbe lui stesso.

Marzia A proposito della Madonna, una cosa che vorrei assolutamente vedere è il Santuario di Loreto. Ne ho sentito parlare tanto.

Mario Ne vale proprio la pena. Però bisognerebbe andarci un giorno in cui non sia affollato di pellegrini ed ammalati perché la confusione distrae dal raccoglimento e dallo spirito del luogo. Quando entri nella Basilica, dove la luce è filtrata dalle vetrate dipinte, e vedi la Santa Casa tutta bianca sotto la cupola del Sangallo, provi un senso di commozione incredibile.

Marzia Io vorrei andare anche a Pesaro perché sono un'appassionata di Rossini.

Mario In estate c'è il Festival Rossiniano. Pesaro è una città interessante. E' chiamata la città delle quattro "m", e cioè mare, monti, musica e maioliche. C'è il "Museo delle Ceramiche", che contiene opere eccezionali. C'è anche il "Museo tipologico dei Presepi", con una grande scelta di presepi italiani e stranieri.

Marzia Credo proprio che non mi annoierò questa settimana. E poi ho anche la grande fortuna di avere una guida molto competente.

Mario Adesso ti guiderò in un ristorantino caratteristico in cui potrai assaggiare una specialità gastronomica di Ancona: il brodetto di pesce. Secondo la tradizione, bisogna mettere tante qualità di pesce quanti sono gli apostoli, con la differenza però che nessuno tradirà. E, naturalmente, non può mancare un buon Verdicchio che è un vino bianco tipico delle Marche.

Comprendere

☞ ***Rispondete alle seguenti domande:***

1. Perché Cingoli è chiamato il "balcone delle Marche"?

2. Qual è sempre stato il sogno di Marzia?

3. Perché Federico da Montefeltro si faceva ritrarre sempre di profilo?

4. Perché è interessante Urbino?

5. Quando è preferibile visitare Loreto?

6. Che cosa offre Pesaro?

7. Qual è la tradizione legata al "Brodetto di Pesce"?

Urbino - Palazzo Ducale (Foto Peter Barstorfer-Klein)

Conoscere

I. Giacomo Leopardi

Nasce a Recanati il 29 giugno 1798 da una famiglia nobile. Fin da bambino, Giacomo dimostra un'intelligenza ed un ingegno nello studio eccezionali. Comincia a scrivere prestissimo. Dal 1809 al 1816 si dedica senza sosta allo studio; lavora giorno e notte e rovina per sempre il suo fisico già gracile e deforme per natura. Si ritrova nel pieno della giovinezza con una statura bassissima e con molte infermità.

Nella sua opera G.Leopardi dimostra di conoscere tutti gli aspetti della realtà quotidiana e i sentimenti degli uomini.

Nella poesia l'Infinito (1819), il poeta cerca di immergere la sua mente nell'infinito e di evadere dalla realtà quotidiana.

L'infinito

METRO: endecasillabi sciolti

Sempre caro mi fu quest'ermo colle[1],
e questa siepe, che da tanta parte
dell'ultimo orizzonte il guardo esclude[2]*:*
Ma sedendo e mirando[3]*, interminati*
spazi di là da quella, e sovrumani
silenzi, e profondissima quiete
io nel pensier mi fingo[4]*; ove per poco*
il cor non si spaura[5]*. E come il vento*
odo stormir tra queste piante, io quello
infinito silenzio a questa voce
vo comparando[6]*: e mi sovvien l'eterno*[7],
e le morte stagioni, e la presente
e viva, e il suon di lei. Così tra questa
immensità s'annega il pensier mio:
e il naufragar m'è dolce in questo mare[8].

***Lessico contestuale*:**

[1]*ermo colle*	colle solitario. E' il monte Tabor, che si trova vicino a Recanati
[2] *e queste ... esclude*	la siepe impedisce allo sguardo di estendersi
[3] *mirare*	indica l'atto del contemplare (fissare attentamente - meditare)
[4] *mi fingo*	mi immagino
[5] *spaura*	spaventa
[6]*..., io quello...* *... comparando*	la comparazione è fatta tra la voce, presente e reale, del vento e quella del silenzio, che rappresenta l'infinitezza
[7] *l'eterno*	l'eternità
[8] *Così tra ... mare*	l'immagine del dolce smarrimento nell'immensità è presente in molti poeti romantici

☞ ***Dopo aver letto la poesia, scegliete la risposta giusta alla seguente domanda:***

Quali delle frasi elencate riassume meglio il contenuto della poesia?

- ❑ Lo scrittore non vuole guardare al di là della siepe perché teme di perdere la sua innocenza.
- ❑ Lo scrittore quasi si perde nell'infinito che c'è dietro la siepe. Il rumore del vento gli porta ricordi passati.
- ❑ Lo scrittore è stanco di vivere nel paese di Recanati. Vuole cambiare vita. La siepe e la collina sono i simboli della vita quotidiana che egli desidera lasciare.

☞ ***Leggete la poesia di nuovo e segnate i riferimenti:***

- allo spazio
- al tempo

☞ ***Quali sentimenti/sensazioni vi provocano questi versi?***

II. Le Marche e la musica

A. Gioacchino Rossini e l'Opera Italiana

Gioacchino Rossini nasce a Pesaro, nelle Marche, nel 1792. A soli diciotto anni, a Venezia, inizia la sua grande carriera musicale con l'opera "La Cambiale di Matrimonio". In poco tempo è famoso in tutta l'Italia, perché le sue melodie diventano subito popolari.
Rossini produce molte opere buffe e serie. Le più famose sono "Il Barbiere di Siviglia", "La Gazza Ladra" e "Guglielmo Tell".
"Il Barbiere di Siviglia" è il capolavoro del genere buffo. L'opera è divisa in due atti. L'intreccio è molto complicato. Alla fine del secondo atto, c'è la soluzione e lo scioglimento. Il personaggio centrale è Figaro, il Barbiere di Siviglia, che rappresenta la nuova società in formazione.
Il musicista, detto il "cigno di Pesaro", muore nel 1868. Grazie ad una sua donazione viene fondato il Liceo Musicale di Pesaro.
L'Italia è la patria di grandi compositori di opere liriche. L'opera musicale o lirica è una rappresentazione teatrale composta da orchestra e canto. Le sue origini risalgono al Medioevo.
Dalla metà del 1600 l'opera viene rappresentata anche in teatri pubblici. Comincia, quindi, la sua diffusione. Con lo svilupparsi del gusto per le "arie" e per l'abilità canora dei cantanti, perde progressivamente valore il libretto (testo scritto).
Nel 1700 è prevalente l'opera comica o buffa, che ha le massime espressioni in Pergolesi, Cimarosa, Paisello.
Nel 1800 l'opera risente l'influenza del Romanticismo letterario. Oltre a Rossini, acquistano fama Bellini, Donizetti e Verdi. Giuseppe Verdi è il più grande interprete delle passioni e dei sentimenti umani.
La sua aria più famosa è "Va pensiero sull'ali dorate" che da molti viene proposta come alternativa all'inno nazionale "Fratelli d'Italia" di Goffredo Mameli e Michele Novaro.
Verso la fine del 1800 si distinguono Ponchielli, Boiti, Franchetti, Puccini, Leoncavallo.
Oggi, il più noto interprete dell'opera musicale è Luciano Pavarotti.
Il primo teatro aperto al pubblico è stato la Fenice di Venezia, che ha ospitato famose rappresentazioni in prima esecuzione di Rossini, Donizetti, Verdi... Il 29 gennaio 1996, però, è stato distrutto da un incendio.

Leggete nella pagina seguente, con l'aiuto dell'insegnante, i brani tratti dall'articolo "Era da duecento anni il più bel teatro del mondo" di Michelangelo Zurletti, pubblicato sulla Repubblica del 30 gennaio 1996. Provate a scrivere un riassunto dell'articolo e poi scrivete un articolo voi stessi sul rogo della Fenice.

ERA DA DUECENTO ANNI IL PIÙ BEL TEATRO DEL MONDO

ROMA — Diciamo subito, amaramente, che era il più bel teatro del mondo. L'inaugurazione avvenne il 16 maggio 1792 durante la Fiera della Sensa e in tale occasione venne presentato il dramma "I Giuochi di Agrigento" del conte Alessandro Pepoli, musicato dal celebre Giovanni Paisiello, su scene di Francesco Fontanesi che aveva curato anche le decorazioni della sala e la creazione dei sipari. [...]

Venezia fu la città che aprì per prima un teatro pubblico: era il 1637, e il teatro prendendo il nome dalla chiesa più vicina, si chiamò San Cassiano. Da quel momento sorsero in Venezia molti altri teatri, la città divenne la prima a ostentare nel mondo teatri sempre più belli e sempre più disponibili all'incredibile tecnica degli scenografi veneziani, primo tra tutti Giacomo Torelli. [...]

La Fenice ospitò opere importanti in prima esecuzione. La memoria ricorda all'istante le rossiniane "L'Italiana in Algeri", "Tancredi", "Sigismondo d'India" e la "Semiramide", "I Capuleti e Montecchi" e "Beatrice di Tenda" di Donizetti. Anche Verdi contribuì alla fama del teatro con alcune prime importanti, da "Ernani" a "Attila", da "Rigoletto" a "Simon Boccanegra", col clamoroso infortunio della "Traviata". [...]

Nel 1992, a duecento anni dalla fondazione, La Fenice conobbe un momento di grande richiamo con i festeggiamenti di rito. Arrivarono a frotte cantanti di tutto il mondo i quali tennero sotto la bacchetta di Georges Pretre un concerto di gala. Arrivarono Marilyn Horne, Samuel Ramey, Raina Kabaivanska, Mariella Devia, Bernadette Manca di Nissa a inaugurare una stagione che volle ripresentare alcune opere passate per il Gran Teatro in prima esecuzione, assoluta o italiana. Arrivarono anche Carolyn Carlson e Pina Bausch a Rinverdire nel Gran Teatro la danza che molto tempo languiva.

Da qualche tempo il Teatro era chiuso. Immaginiamo, non senza una punta di raccapriccio, che lo fosse per le solite necessità di adeguamento alle norme di sicurezza sulle quali l'Italia vanta un primato assoluto di immediata risposta: di fatto i teatri si chiudono l'uno dopo l'altro fino a completamento dei lavori. Non produrremo grandi spettacoli ma perdio con quale sicurezza per il pubblico. Tra queste norme c'è l'antiignifugazione delle strutture: legni, rivestimenti, tendaggi, perfino metalli devono essere ignifugati a norma di legge. Che ironia che un incendio divampi mentre si procede alla sua esorcizzazione.

***Lessico contestuale*:**

amaramente	con dolore
scene	parti del teatro dove si recita
decorazioni	abbellimenti, ornamenti
sipari	tende da teatro
sorsero	sorgere = nascere
ostentare	mostrare
disponibili	adatti
scenografi	direttori di scena
in prima esecuzione	in prima rappresentazione
all'istante	subito
contribuì	contribuire = partecipare
clamoroso	sensazionale
infortunio	incidente

./..

di rito	tradizionali
a frotte	a gruppi
raccapriccio	repulsione
adeguamento	raggiungimento di un rapporto di parità
vanta	vantare = elogiare, lodare
perdio	esclamazione
antiignifugazione	uso di sostanze contro gli incendi
rivestimenti	coperture
tendaggi	insieme di tende
ignifugati	inattaccabili dal fuoco
divampi	divampare = ardere
procedere all'esorcizzazione	allontanare i pericoli

G.Rossini ed altri famosi musicisti sono rappresentati anche nei francobolli:

Gioacchino Rossini

Giacomo Puccini

Vincenzo Bellini

Giuseppe Verdi

☞ ***Quali compositori italiani conoscete?***
Che cosa sapete dell'opera italiana?
Quali sono le opere italiane che vi piacciono di più e perché?

B. L'industria della musica

Paolo Soprani, un contadino di Castelfidardo, nel 1863 ospita in casa sua un tedesco di ritorno da un pellegrinaggio a Loreto. Il tedesco, per ringraziare Soprani, gli lascia una specie di rudimentale organetto.

Soprani lo perfeziona e inventa la fisarmonica. Lo strumento ha un rapido successo.

Soprani organizza un laboratorio di fisarmoniche. Presto il fratello ed altri artigiani lo imitano e comincia così la diffusione della fisarmonica nel mondo. I laboratori artigianali in poco tempo diventano vere e proprie industrie e dal 1960 producono anche moderni strumenti musicali elettronici.

III. La Riviera del Conero

(Foto di Aldo Cari)

La regione Marche ha chilometri e chilometri di spiagge piatte con località balneari famose come Fano, Pesaro, S.Benedetto del Tronto, Senigallia...
Al centro della costa marchigiana si trova Ancona, capoluogo della regione. Questa città è divisa in due parti da un promontorio (un monte che si estende sul mare). Il nome di questo promontorio è Conero (572 m. s.l.m.).
Il Conero è una zona dove la natura è ancora integra. Presenta paesaggi stupendi e cittadine caratteristiche come Portonovo, Numana e Sirolo.
Le spiagge del Conero sono chiuse tra la montagna e il mare. Sono bianche e si specchiano nell'acqua del mare che è turchese e trasparente. Hanno, quindi, un aspetto molto suggestivo.

☞ ***Scrivete un messaggio pubblicitario che attiri i turisti sulle spiagge del Conero.***

Umbria

DATI STATISTICI

Province	Superficie (km²)	Popolazione	Densità	N°Comuni
Perugia	6 334	600 348	95	59
Terni	2 122	223 775	105	33
UMBRIA	**8 456**	**824 123**	**100**	**92**

Leggere

Pietro di Bolzano è per la prima volta a Perugia, in Umbria, e fa un giro in centro con il suo amico Mauro che gli fa da guida.

Mauro Dunque, qui siamo in Piazza IV Novembre, dove ci sono i più importanti monumenti dell'epoca comunale: la Cattedrale, la Fontana Maggiore, il Palazzo dei Priori.

Pietro L'età comunale è stato un periodo di grande splendore per l'Umbria, no?

Mauro Infatti. Sia dal punto di vista economico sia da quello culturale. Poi, però, dalla metà del Trecento, i papi hanno cominciato a dominare la regione, per esempio, hanno fatto costruire la Rocca Paolina a Perugia e altre fortezze simili in altre città, come Narni o Spoleto. E' finita così la libertà comunale.

Pietro Non vedo l'ora di andare ad Assisi!

Mauro Hai ragione. Assisi è una delle più belle città medievali. E' una città d'arte ed ha uno dei maggiori santuari del mondo.

Pietro La Basilica di San Francesco è veramente così bella come si dice?

Mauro Non c'è dubbio. Consiste di due chiese, una sull'altra: quella inferiore, in stile romanico, è il Santuario vero e proprio, con dei bellissimi affreschi di Cimabue e di Simone Martini, e quella superiore, in stile gotico, con il famoso ciclo degli affreschi di Giotto che raccontano la vita del Santo. E' la testimonianza più importante della pittura medievale italiana.

Pietro La figura di San Francesco è affascinante, non ti sembra?

Mauro Molto! San Francesco è autore di un grande rinnovamento religioso. Ha diffuso ideali come l'eguaglianza, la carità, la povertà, l'amore per la natura.

Pietro Il "Cantico delle Creature" è una delle più grandi opere religiose e poetiche della letteratura italiana.

Mauro Devi assolutamente vedere la "Porziuncola", che è la cappella presso la quale è morto San Francesco. E' chiamata così perché è molto piccola. Sopra c'è stata costruita la Basilica di "Santa Maria degli Angeli".

Pietro Bello quell'arco! Come si chiama?

Mauro Quello è l'Arco Etrusco. In Umbria ci sono molti monumenti della civiltà etrusca, come le mura di Perugia o le tombe vicino ad Orvieto.

Pietro Mi piacerebbe molto vedere il Duomo di Orvieto. La facciata deve essere bellissima, ricca di colori e con dei bassorilievi fantastici.

Mauro Bisogna andarci al tramonto: è il momento ideale per ammirarla. E' uno spettacolo!

Pietro Vorrei visitare anche le altre città medievali dell'Umbria: Gubbio, Spoleto, Todi, Foligno, ecc.

Mauro In alcune di queste cittadine sembra di tornare nel Medioevo. A Gubbio, per esempio, certe case hanno due porte, una è chiamata "del morto". Serviva solo per fare passare le bare. Inoltre, ogni anno, la seconda domenica di maggio, c'è la famosa "Corsa dei Ceri". I ceri sono di legno, sono alti cinque metri e quindi molto pesanti. Vengono portati a spalla dai rappresentanti dei mercanti, dei muratori e dei contadini. La corsa è in salita ed è molto faticosa. Un'altra manifestazione molto importante è il "Festival dei Due Mondi" che, dal 1958, si svolge a Spoleto in giugno e luglio. Ci sono spettacoli di alto livello: opere liriche, teatro di prosa, balletto...

Pietro Insomma la cultura non manca.

Mauro Lo puoi ben dire. E la esportiamo in tutto il mondo. Infatti, come sai, oltre all'Università Statale, a Perugia, fin dal 1926, c'è l'Università degli Stranieri. Vengono giovani da tutto il mondo per imparare l'italiano e per frequentare corsi di storia, letteratura, arte, ecc.

Pietro Insomma, voi umbri siete anche dei cosmopoliti.

Mauro Sì, comunque siamo molto legati alla tradizione e siamo orgogliosi della nostra regione, il "Cuore verde dell'Italia".

Comprendere

☞ ***Cercate nel dialogo le informazioni utili per completare le seguenti frasi:***

1. L'Umbria nell'Età Comunale ....

2. Ad Assisi si può visitare ....

3. Al tramonto bisogna andare ....

4. A Gubbio ci sono ....

5. In giugno e luglio a Spoleto ....

6. Gli Umbri sono ....

Perugia - Fontana Maggiore (Foto Peter Barstorfer-Klein)

Conoscere

I. Gli Etruschi

☞ ***Il testo che segue presenta un'antica popolazione italica: gli Etruschi. Ne avete mai sentito parlare?***

Sembra che gli Etruschi, o Tirreni, provengano dall'Asia Minore (attuale Turchia). Attraverso migrazioni si stabiliscono in Italia, nei territori oggi occupati da Toscana, Umbria, Campania e Valle del Po (XI secolo a.C.).
Gli Etruschi, ancora oggi, sono considerati un popolo misterioso. La loro lingua è sempre stata oggetto di studi approfonditi perché difficile da interpretare. Molte informazioni sulla loro civiltà vengono dalle "città dei morti" o "necropoli". Nelle tombe riproducevano ambienti domestici con oggetti di uso quotidiano e affreschi che rappresentano diversi momenti della loro vita sociale e privata. Secondo gli Etruschi, i defunti continuavano a vivere dopo la morte e, per questo motivo, organizzavano le tombe come delle vere e proprie case.
Le divinità più importanti erano tre, corrispondenti a Giove, Giunone e Marte del mondo romano.
Lo stato etrusco era organizzato intorno alle città che godevano di una fiorente economia basata sull'agricoltura, sulla lavorazione dei metalli e sul commercio. Nell'Italia centrale le più potenti erano Tarquinia, Orvieto, Chiusi, Volterra, Perugia, Arezzo, Veio, Bolsena. I capi delle città si chiamavano "lucumoni". Erano autorità religiose e civili.
Spesso i centri si univano in "leghe" o "federazioni"; la più importante era la "dodecapoli" (dodici città, tra cui Perugia).
La vita economica degli Etruschi era molto sviluppata. Erano un popolo di commercianti ed artigiani.
Gli Etruschi sono stati potenti per molti secoli. Nel III secolo a.C., i Romani cominciano ad estendere i propri territori e gli Etruschi, che abitavano le regioni vicine, devono arrendersi. La completa sottomissione di questa popolazione avviene solo due secoli dopo (I secolo a.C.).

Gli Etruschi hanno lasciato molte tracce di un elevato grado di civiltà.
Le loro pitture rappresentano scene di vita gioiosa: banchetti, danze, musica, caccia. Le statue dalle fattezze perfette, dai volti sorridenti, sono espressione di una cultura realistica e costituiscono un grande patrimonio artistico.
Le tombe ricche di colori, di scene di vita, di arredi, di armi e utensili, di lavori di artigianato ci fanno conoscere il modo di vivere del popolo etrusco.

☞ ***Trovate nel testo delle informazioni relative ai seguenti punti:***

- le origini degli Etruschi
- la religione
- la forma di governo
- la lingua
- la fine della loro civiltà

☞ ***Come pensate che fosse la giornata tipica della gente Etrusca?***

☞ ***Immaginate di vivere nell'VIII-VII secolo a.C. in una città etrusca. Scrivete un breve testo su questo argomento.***

II. San Francesco (Assisi, circa 1181-1226)

Francesco d'Assisi, dopo avere trascorso una giovinezza mondana, nel 1206, ha una profonda crisi religiosa che lo porta a perseguire i principi evangelici: povertà, umiltà, penitenza e carità.
Non solo Assisi, ma molte zone umbre sono piene di "ricordi francescani".
San Francesco ci ha lasciato un cantico in volgare umbro, famoso in tutto il mondo. E' comunemente detto "Il Cantico delle Creature". E' stato composto nel 1224. La laude vuole esaltare Dio attraverso le sue creature.
Quella che segue è una versione modernizzata e semplificata.

Il Canto della Creazione (G.Cento)

MI FA DO LA FA
Rit. *Laudato sii, Signore mio, laudato sii, Signore mio, laudato sii,*
SI MI
Signore mio, laudato sii, Signore mio.

MI FA SI DO
1. Per il sole d'ogni giorno che riscalda e dona vita;
LA SI LA FA SI
egli illumina il cammino di chi cerca te, Signore.
Per la luna e per le stelle, io le sento mie sorelle;
le hai formate su nel cielo e le doni a chi è nel buio.

2. Per la nostra madre terra che ci dona fiori ed erba;
su di lei noi fatichiamo per il pane d'ogni giorno.
Per chi soffre con coraggio e perdona nel tuo amore:
tu gli dai la pace tua alla sera della vita.

3. Per la morte che è di tutti, io la sento ogni istante;
ma se vivo nel tuo amore dona un senso alla mia vita.
Per l'amore che è nel mondo tra una donna e l'uomo suo;
per la vita dei bambini che il mio mondo fanno nuovo.

4. Io ti canto, mio signore, e con me la creazione
ti ringrazia umilmente perché tu sei il Signore.

☞ ***Provate a cantare "Il Canto della Creazione"***

III. Feste tradizionali umbre

L'Umbria è una regione ricca di antiche tradizioni. Nelle città e nei paesi, si può assistere a manifestazioni folkloristiche e/o religiose. Tra le più famose ci sono: "Il Calendimaggio", "La Corsa dei Ceri" e "La Quintana".
Leggete alcune informazioni su queste feste:

A. Il Calendimaggio

Il Calendimaggio è una festa che si svolge ad Assisi, in primavera, tra il 29 aprile e il 1° maggio.
Ricorda una tradizione rinascimentale: la festa per l'arrivo della primavera.
La città di Assisi, per questa occasione, si divide in due parti: quella "di sopra" e quella "di sotto". Si organizzano giochi e gare letterarie. Poi, una giuria decide quale delle due parti deve vincere la competizione.
Alla fine viene proclamata Madonna Primavera, una giovane simbolo della stagione che risveglia la natura.
La città in questi giorni sembra tornare indietro nel tempo, con madonne e cavalieri in costumi tradizionali.

B. La Corsa dei Ceri

Questa manifestazione si svolge a Gubbio, il 15 maggio. Ha origini molto antiche; sembra che risalga al 1400. Secondo la tradizione il vescovo della città era molto malato e la popolazione aveva organizzato per lui una processione. Da allora la processione propiziaroria si ripete ogni anno. Tre ceri vengono trasportati a spalla.
I ceri sono delle statue di legno alte fino a 5 metri. I ceraioli sono le persone che portano, a spalla, le statue dei tre santi: Ubaldo, Antonio e Giorgio.
Il giorno della Corsa dei Ceri, i ceraioli partono da Piazza dei Consoli e arrivano alla Basilica di Sant'Ubaldo in cima ad un monte chiamato Ingino. Sant'Ubaldo deve essere il primo cero ad entrare in chiesa.
E' una corsa davvero difficile, a causa della ripida salita.
Alla manifestazione partecipa molta gente. Per l'occasione, Gubbio richiama turisti da tutto il mondo.
I ceraioli sono chiamati "i matti di Gubbio" perché, spesso, per portare i ceri, compiono azioni pericolose o rischiano addirittura la vita.

C. La Quintana

A Foligno, la seconda domenica di settembre, si può assistere alla Giostra della Quintana. La sera prima della Giostra sfila per la città un corteo di dame e cavalieri vestiti con abiti d'epoca. La Quintana è una gara tra cavalieri. Ciascuno di loro rappresenta uno dei dieci rioni della città. I cavalieri devono infilare un anello tenuto da una statua girevole di legno.

☞ ***Dopo aver letto "Il Calendimaggio", "La Corsa dei Ceri" e "La Quintana" completate la seguente griglia:***

	IL CALENDIMAGGIO	**LA CORSA DEI CERI**	**LA QUINTANA**
CITTÀ			
PERIODO DELL'ANNO			
CARATTERISTICHE DELLA FESTA			

☞ ***Parlate di una festa tradizionale del vostro Paese. Quando si svolge, in che cosa consiste...***

IV. La Perugina

Il seguente testo riguarda la storia della "Perugina", una famosa fabbrica di cioccolatini di Perugia.

- Sapete cosa sono i "Baci"?
- Ne avete mai mangiati?

L'attività produttiva della "Perugina" inizia nel 1908. La gestione della società è affidata a Buitoni, quella tecnica a Spagnoli e alla moglie Luisa.
Nel 1914 l'attività della "Perugina" è trasferita in un nuovo stabilimento presso la stazione ferroviaria di Fontivegge, la nuova zona industriale della città.
Il 24 maggio 1920, la società assume la denominazione di "La Perugina. Cioccolato e confetture".

(Adattamento da Alberto Grohmann, "Perugia")

(Foto Aldo Cari)

Breve storia del "Bacio"

Il Bacio Perugina nasce a Perugia nel 1922. La sua ideatrice è Luisa Spagnoli. All'inizio si chiamava "cazzotto" perché la sua forma era tozza.
Sembra che Giovanni Buitoni abbia suggerito un nuovo nome per questo cioccolatino: Bacio.
Il Bacio diventa rapidamente famoso. Federico Seneca, direttore artistico della Perugina, apporta due innovazioni fondamentali. Inserisce frasi d'amore di scrittori famosi nella confezione del cioccolatino e fa raffigurare sulla scatola una coppia di innamorati sotto un cielo di stelle.

Temere l'amore è temere la vita.
To fear love is to fear life.
Craindre l'amour c'est craindre la vie.
Temer al amor es temer a la vida.

(B. Russel)

Baci PERUGINA

Nessuna sorpresa produce un effetto più magico dell'essere amati.

No surprise can produce such a magical effect as being loved.

Aucune surprise ne produit un effet plus magique que celle d'être aimé.

No hay sorpresa que produca un efecto más mágico que el ser amados.

(Charles Morgan)

Baci PERUGINA

Quando si scrive delle donne, bisogna intingere la penna nell'arcobaleno.

When writing about women, one must dip one's pen in a rainbow.

Quand on écrit sur les femmes, il faut tremper la plume dans l'arc-en-ciel.

Cuando se escribe sobre mujeres hay que mojar la plume en el arco iris.

(Diderot)

Baci PERUGINA

Vuoi sapere quanto è grande il mio amore? Conta le onde.

You want to know how great my love is? Count the waves.

Si tu veux savoir combien je t'aime, compte les vagues.

¿Quieres saber lo grande que es mi amor? Cuenta las olas.

(Autore Giapponese)

Baci PERUGINA

Il Bacio: Un prodotto tra Mito e Storia

Nel corso degli anni, il Bacio diventa un messaggio affettuoso per ogni occasione.
Negli anni '50 vengono inventati dei piccoli baci chiamati "Bacetti".
Negli anni '60 i Baci vengono regalati in confezioni apposite in occasione della Festa della Mamma e della Festa degli Innamorati.
Negli anni '80 i baci si trovano anche "in tubo". E' un nuovo modo di proporli rivolto principalmente ai giovani.

☞ ***Qual è il prodotto tipico della vostra città?***
Esistono "la festa della Mamma" e quella "degli Innamorati" nel vostro paese?
Come si festeggiano? Che cosa si regala di solito?

☞ ***Provate a scrivere un messaggio da inserire nella confezione di un Bacio.***

V. Il Lago Trasimeno

Il lago Trasimeno si trova perfettamente al centro dell'Italia. E' 128 km^2 ed è il quarto lago italiano per estensione.

Intorno al Trasimeno si possono visitare località caratteristiche raccolte in otto comuni: Castiglione del Lago, Città della Pieve, Magione, Paciano, Panicale, Passignano, Piegaro e Tuoro.

Il lago è circondato da un anello di dolci colline ricche di vigneti, oliveti e boschi dove si possono fare bellissime escursioni.

Nel lago Trasimeno ci sono tre isole: la Polvese, la Maggiore e la Minore. La Polvese è la più grande, è quasi disabitata. E' ricca di vegetazione. L'Isola Maggiore ospita un piccolo borgo abitato in inverno da circa quaranta persone. Per tradizione gli uomini si dedicano alla pesca e le donne eseguono il pizzo irlandese. Ci sono anche alcuni negozi e un albergo-ristorante.

L'Isola Minore è privata e abitata saltuariamente.

Al Trasimeno è possibile praticare: vela, windsurf, golf, tennis, bicicletta... Il lago è balneabile e si può prendere il sole nelle varie spiagge che lo circondano. I turisti possono alloggiare in campeggi, alberghi, appartamenti e strutture agrituristiche.

Isola Minore (Foto Aldo Cari)

☞ ***Dopo aver letto le informazioni sul Lago Trasimeno, pensate che vi piacerebbe trascorrervi una vacanza?***
Quale periodo scegliereste?
Che cosa vi piacerebbe fare?

☞ ***In genere preferite il lago o il mare?***

Lazio

DATI STATISTICI

Province	Superficie (km²)	Popolazione	Densità	N°Comuni
Frosinone	3 264	489 241	150	91
Latina	2 250	495 872	220	33
Rieti	2 749	149 963	54	73
Roma	5 352	3 774 305	705	120
Viterbo	3 612	288 326	80	60
LAZIO	**17 227**	**5 197 707**	**242**	**377**

Leggere

Il prof. Azzarà fa, come tutti gli anni, un viaggio di studio a Roma con i suoi studenti. Stanno facendo un giro in pullman del centro di Roma.

Azzarà Eccoci arrivati nella Città Eterna! Merita questo appellativo, perché in tutta la sua storia, anche nei periodi più bui, ha sempre giocato un ruolo importante ed ha avuto una grande influenza sul mondo.

St. 1 Può darci qualche notizia sulla storia di Roma?

Azzarà Secondo la leggenda, fu fondata da Romolo, il primo dei sette re di Roma, nel 753 a.C. L'Impero Romano durò più di mille anni, fino al 476 d.C. Al tempo di Augusto aveva più di un milione, forse anche un milione e mezzo di abitanti. Nel 313 d.C. l'imperatore Costantino concesse ai cristiani libertà di culto e la Roma cristiana diventò sempre più importante come centro del papato. Nel Medioevo attraversò un periodo di decadenza e i suoi abitanti diminuirono enormemente. Nel Quattrocento e Cinquecento raggiunse un'epoca di grande splendore. La città di Roma ebbe una grande espansione e furono costruiti i più importanti monumenti artistici come, per esempio, la Cappella Sistina. Nel secolo scorso, dopo il Risorgimento e le guerre d'Indipendenza, Roma cessò di essere capitale dello Stato della Chiesa e, nel 1870, con l'annessione, divenne capitale d'Italia.

St. 2 Il traffico è sempre così caotico come oggi?

Azzarà A Roma circolano più di un milione e mezzo di automobili, a parte le centinaia e centinaia di pullman turistici che arrivano ogni giorno a Roma dall'Italia e dall'estero. Le vie del centro non sono state costruite per il traffico moderno, ma per le carrozze e per i pedoni.

St. 3 Ma perché tante persone vanno in macchina? Perché non prendono i mezzi pubblici, come la metropolitana, per esempio?

Azzarà Per il semplice motivo che Roma, nonostante i suoi tre o quattro milioni di abitanti - il numero esatto non lo sa nessuno a causa della presenza di tanti clandestini - ha solo due linee di metropolitana, la A e la B.

St. 4 Quali sono le ragioni di questa situazione? Non si cerca di fare qualcosa?

Azzarà Ci sono diversi motivi: intanto si è cominciato tardi a costruire la metropolitana; poi c'è un altro problema: ogni volta che, durante gli scavi, si trovano dei reperti archeologici, tutto si blocca; e, si sa, a Roma ogni pietra è un monumento.

St. 2 Ma non ci sono gli autobus e i tram?

Azzarà Purtroppo sono lenti perché ci sono sempre ingorghi, per cui la gente preferisce prendere la macchina.

St. 5 Guidano in modo poco ortodosso gli automobilisti romani, non trova?

Azzarà Ci sono solo due regole: non toccare i pedoni e, se possibile, non toccare le altre macchine.

St. 3 Però è abbastanza pericoloso attraversare la strada a Roma, no?

Azzarà Anche in questo caso c'è una regola abbastanza semplice: bisogna mostrarsi molto decisi, così si fermano e ti lasciano passare.

St. 4 Scusi, dove porta questa salita?

Azzarà Stiamo andando al Gianicolo. Da lì si gode una vista fantastica su tutta Roma. E' ideale per avere una visione d'insieme dei vari monumenti. Infatti si vede il Vittoriano, il monumento a Vittorio Emanuele II...

St. 2 Ho letto che quello si vede da qualunque punto della città, vero?

Azzarà Infatti. E' anche chiamato, per via della sua forma, la "macchina da scrivere" o persino la "dentiera". Si vedono anche il Panteon, il Colosseo, Villa Borghese... E' molto bello venire al Gianicolo la sera al tramonto. C'è un'atmosfera speciale e molto romantica anche perché è il punto d'incontro degli innamorati. Bene, siamo arrivati, scendiamo! Fra quindici minuti riprendiamo il giro della città.

Comprendere

☞ ***Riassumete in breve e con parole vostre ciò che il prof. Azzarà dice di Roma ai suoi studenti.***

Roma: Piazza di Spagna (Foto Peter Barstorfer-Klein)

"Roma"

Conoscere

I. Roma

A. La leggenda delle origini di Roma

Questo testo parla delle origini di Roma, capitale d'Italia, una delle città più famose del mondo.

- Cosa sapete su questa città?
- Perché migliaia di turisti la visitano ogni anno?

☞ ***Il testo non è in ordine. Provate a riordinarlo.***
Mettete negli spazi il numero di progressione esatto (...); (...); (...); (...).

1. Ma chi sarà il re della città? Romolo o Remo? I due fratelli decidono che il fondatore di Roma sarà colui che vedrà volare più uccelli in cielo. Il vincitore è Romolo ed egli sarà il capo. Insieme, i due fratelli scelgono il luogo dove nascerà la città: su sette colli. Romolo, con l'aratro, segna il confine della città. Questo confine non può essere superato da nessuno.

2. Secondo la leggenda, Roma è stata fondata da Romolo, fratello gemello di Remo. Romolo e Remo sono figli di Rea Silvia e di Marte, dio della guerra. Rea Silvia, figlia di Numitore re di Albalonga, è una sacerdotessa della dea Vesta e sarebbe dovuta restare vergine. Per questo motivo non può rivelare a nessuno la nascita dei due figli. I gemelli vengono abbandonati in una cesta in riva al fiume Tevere per volere di Amulio, fratello di Numitore, che si impossessa del regno di Albalonga.

3. Siccome Remo oltrepassa il confine, il fratello lo uccide. Romolo è il re ma ha un problema: non ci sono donne. Così, egli ed altri uomini invadono la terra dei Sabini, ne rapiscono le donne e, in questo modo, secondo la leggenda, ha inizio la stirpe dei Romani.

4. Passa una lupa, li vede e, poiché sono affamati, dà loro il latte. Romolo e Remo crescono nella casa del pastore Faustolo. Un giorno viene loro rivelato il nome dei veri genitori. Uccidono Amulio e restituiscono il potere di Albalonga al nonno Numitore. Decidono poi di fondare una nuova città.

B. La storia di Roma

I Latini costruirono nell'attuale Lazio una serie di villaggi dove si viveva di agricoltura e pastorizia. Uno di questi villaggi, posto su sette colli, fu chiamato Roma che forse significa "città del fiume". Roma, infatti, si trova vicino al fiume Tevere. Il Tevere permise a Roma di svilupparsi.
Per circa 250 anni fu una monarchia. Durante il periodo monarchico il popolo di Roma era diviso in due classi sociali: i patrizi, che facevano parte del Senato, e i plebei, che non avevano nessun diritto politico.
Poi ci fu la rivolta del popolo e fu fondata la Repubblica con due Consoli e un Senatore. Le leggi erano tramandate oralmente dai magistrati; più tardi i Plebei ottennero che venissero incise su tavole di bronzo.
Nonostante le lotte interne, Roma si espanse sempre di più. Diventò padrona di quasi tutta l'Italia e gran parte delle terre bagnate dal Mediterraneo.
Nel 48 a.C. cadde la Repubblica e nacque l'Impero Romano.
Durante l'Impero di Ottaviano Augusto, Roma visse un grande momento di pace. Sotto di lui nacque Gesù Cristo, in una provincia dell'Impero Romano: la Palestina.
In tutto l'immenso impero conquistato i Romani hanno lasciato testimonianza della loro civiltà.
Alla fine del IV secolo d.C. l'Impero romano si divise in due: Impero Romano d'Oriente e d'Occidente. Nel V secolo, con le invasioni barbariche, l'impero decadde.
Nel Medioevo, Roma tornò ad essere importante perché divenne sede del papato.
Nel 1870 divenne capitale d'Italia.

La leggenda di Romolo e Remo, probabilmente, è nata per dare nobili origini alla città. Infatti, Rea Silvia, madre dei gemelli, era figlia del re di Albalonga, discendente di Enea, uno degli eroi del mondo classico.

☞ ***Voi conoscete la storia o una leggenda collegata alla nascita della vostra città? Raccontatela.***

II. Cinema e Televisione

A. Cinecittà: la Città del Cinema

Cinecittà è un'industria cinematografica che si trova a Roma. Gli stabilimenti di produzione risalgono al 1937, ma sono stati ristrutturati dopo la Seconda Guerra Mondiale.
Oggi molti film vengono girati nel luogo dove sono ambientati, tuttavia la Città del Cinema viene ancora utilizzata da grandi registi italiani e stranieri.
Il momento di massima celebrità per il cinema italiano è quello del "neorealismo".
Il "neorealismo" è un tentativo di portare nei film la realtà del dopoguerra e della ricostruzione. I capolavori di questo periodo sono: "Ladri di Biciclette" (1948) di Vittorio de Sica; "Roma Città Aperta" (1945) e "Paisà" (1946) di Roberto Rossellini; "La Terra Trema" (1948) e "Bellissima" (1952) di Luchino Visconti.

☞ ***Ecco alcuni film di famosi registi italiani. Provate ad associare il titolo del film alla breve recensione che vi viene fornita:***

a) "Mediterraneo" (1991) di Gabriele Salvatores
b) "Amarcord" (1973) di Federico Fellini
c) "Bianco Rosso e Verdone" (1981) di Carlo Verdone
d) "Mignon è partita" (1988) di Francesca Archibugi
e) "Kaos" (1984) di Paolo e Vittorio Taviani
f) "Nuovo Cinema Paradiso" (1991) di Giuseppe Tornatore
g) "Speriamo che sia femmina" (1986) di Mario Monicelli
h) "Il Gattopardo" (1963) di Luchino Visconti
i) "Roma Città Aperta" (1945) di Roberto Rossellini
l) "Un Americano a Roma" (1954) di Steno
m) "Jonny Stecchino" (1991) di Roberto Benigni

BREVI RECENSIONI:

1) E' la storia di un gruppo di soldati italiani che, durante la seconda guerra mondiale, rimane accidentalmente dimenticato in una piccola isola del Mare Egeo.

2) In questo film è trattato il momento difficile del passaggio dall'infanzia all'adolescenza.

3) E' un viaggio nei ricordi, dove centrale è la passione per il cinema.

4) E' un film a episodi tratto liberamente da "Novelle per un anno" di Luigi Pirandello. E' ambientato in Sicilia.

5) E' un film comico ricco di metafore ed equivoci. E' ambientato nella Palermo dei boss mafiosi.

6) Vicenda al femminile ambientata nella campagna toscana.

7) E' la storia di un ragazzo romano di borgata che sogna "l'America". Il protagonista è Alberto Sordi.

8) E' un film in cui tre storie parallele si intrecciano. I protagonisti in occasione delle elezioni politiche si recano alla città d'origine. Sono un emigrante, un ragazzo immaturo e un marito petulante.

9) E' un viaggio nei ricordi del regista. Il titolo è in dialetto romagnolo e significa "mi ricordo".

10) Questo film narra un episodio della Resistenza italiana. Ha come protagonista l'attrice Anna Magnani.

11) Parla di un nobile siciliano che assiste alla fine della propria epoca provocata dallo sbarco di Garibaldi.

☞ ***Quali film italiani avete visto? Quali vi sono piaciuti di più e perché?***

B. La televisione italiana

In Italia la televisione, soprattutto negli ultimi quindici anni, è il mezzo di comunicazione più seguito.
Il numero di ore che in particolare i bambini trascorrono davanti al piccolo schermo è molto elevato.

Leggete, nella pagina seguente, il testo della canzone "Televisione, televisione" per rendervi conto del "fenomeno televisione".

TELEVISIONE, TELEVISIONE

(Jovanotti, C.Cecchetto, L.Cersosimo)

Televisione, televisione, chi è il più bello del rione
Televisione, televisione fammi vincere un milione
Televisione, televisione, chi ha il più bel faccione
Televisione, televisione, tu che guidi la nazione
Tu che dai l'informazione
Tu che svolgi la missione verso tutte le persone
Tu che sei la nostra chiesa e la nostra religione
Tu che ci accompagni a cena a merenda a colazione
Televisione, televisione (pubblicità)
Televisione, televisione, sempre più definizione
di ogni emerito scienziato ci riporti l'opinione
tutta gente molto onesta senza grilli per la testa che si prodiga e che fa il bene della società.
Televisione, televisione (pubblicità)
Televisione, televisione, io ti ho scritto una canzone perché sei la nostra guida non c'è media che ti sfida tu fai stare tutti a casa e la gente guarda te annullando ogni rapporto con il prossimo e con sé e così un problema in meno quello di dover parlare ciò che resta ormai da fare è guardare ed ascoltare grazie anche a chi l'ha visto che a mia madre tanto piace così che nessuno è libero di scappare in santa pace.
Televisione, televisione (pubblicità)
Televisione, televisione tutto il bene che tu hai fatto te lo stai prendendo indietro richiudendo ogni pensiero dentro a scatole di vetro.
Televisione, televisione io ti chiudo nell'armadio questa sera stai in castigo perché accenderò la radio.

☞ ***Ora in coppia, collegate le espressioni del testo della canzone (indicate dalle lettere) a quelle di significato corrispondente (indicate dai numeri). Ad un numero possono corrispondere anche più lettere:***

1. La T.V. viene guardata con molta assiduità.
2. La T.V. è una guida politica, culturale e spirituale.
3. La T.V. è il mezzo di informazione più potente.
4. La T.V. entra anche nelle scelte private delle persone attraverso alcune trasmissioni.
5. La T.V. impedisce la comunicazione interpersonale.
6. La T.V. ha aiutato la gente ad uscire dall'ignoranza tramite l'informazione, ma oggi annulla i suoi effetti positivi con quelli negativi.
7. La T.V. con molti programmi si rivolge a chi conduce una vita provinciale.
8. La T.V. spesso propone modelli di vita superficiali e illusori.
9. La T.V. ci dà informazioni che vengono ritenute sempre giuste dagli spettatori.

A. Chi è il più bello del Rione.
B. Fammi vincere un milione.
C. Tu che guidi la nazione.
D. Tu che dai l'informazione.
E. Tu che svolgi la missione.
F. Tu che sei la nostra chiesa e la nostra religione.
G. Tu che ci accompagni a cena, a merenda, a colazione.
H. Pubblicità.
I. Di ogni emerito scienziato ci riporta l'opinione.
L. Tutta gente che ... fa il bene della società.
M. Non c'è media che ti sfida.
N. La gente guarda te annullando ogni rapporto con il prossimo e con sé.
O. E così un problema in meno quello di dover parlare.
P. "Chi l'ha visto".
Q. Tutto il bene che tu hai fatto te lo stai prendendo indietro.

☞***Avete mai visto la televisione italiana?***
Che cosa ne pensate?

☞***In genere preferite la televisione o il cinema?***
Motivate la vostra risposta.

III. Civita di Bagnoregio

(Foto di Fulvio Colavero)

Tra l'Umbria Meridionale e il Lazio Settentrionale, ci sono alcune città caratteristiche costruite sul tufo. Tra queste si ricordano Civita di Bagnoregio, Tarquinia e Viterbo in Lazio, Orvieto in Umbria.
La più caratteristica e suggestiva è Civita di Bagnoregio. E' un piccolo paese situato su una rupe di tufo che, anno dopo anno, si disgrega. Civita è chiamata "la città che muore". Si può raggiungere attraverso un ponte strettissimo dove non possono passare automobili.
L'unico mezzo di trasporto è il mulo che, giornalmente, porta il cibo agli abitanti del paese che sono rimasti pochissimi. Si dedicano quasi tutti al turismo che è molto sviluppato, data la particolarità del luogo.

Lessico contestuale:

tufo	roccia porosa di origine vulcanica
rupe	roccia scoscesa che si trova in posizione elevata
si disgrega	si frammenta - si divide in piccole parti
mulo	animale abituato alla fatica, usato particolarmente in montagna

☞***Immaginate di essere a Bagnoregio. Scrivete il contenuto di una cartolina che inviereste dalla "città che muore".***

Città del Vaticano

DATI STATISTICI DELLA CITTÀ DEL VATICANO	
Superficie (km^2)	Popolazione
0,44	749

Leggere

Massimo, di Roma, e Sylvie, una sua amica francese, vanno a visitare i Musei Vaticani.

Massimo Vedi, queste sono le mura della Città del Vaticano, le Mura Leonine. Lì dietro c'è il più piccolo stato del mondo.

Sylvie Da quando esiste?

Massimo Dall'11 febbraio 1929, anno in cui sono stati stipulati i "Patti Lateranensi" fra lo Stato Italiano e la Santa Sede. Proprio per celebrare tale evento è stata costruita la "Via della Conciliazione" che porta in Piazza S.Pietro.

Sylvie Quelle lì sono le Guardie Svizzere, vero?

Massimo Sì, assicurano la custodia del Palazzo Apostolico, che dal 1377 è la residenza dei papi, e fanno la guardia agli ingressi.

Sylvie Hanno delle uniformi magnifiche con dei colori stupendi!

Massimo Infatti. Sono a strisce gialle e blu, con una piega interna rossa. Si dice che sia stata disegnata da Michelangelo. La portano solo di giorno. La sera, invece, a partire dalle 19, indossano una divisa di colore blu scuro.

Sylvie Interessante. Quante Guardie Svizzere ci sono in tutto?

Massimo Un centinaio. Vengono, come dice il nome, dalla Svizzera. Sono per lo più studenti che fanno questo lavoro per alcuni anni.

Sylvie Insomma lo Stato del Vaticano ha anche un esercito e una polizia come un vero stato.

Massimo In questo caso si tratta di istituzioni simboliche. Comunque il Vaticano è uno Stato moderno. Infatti ha una banca, l'Istituto per le Opere Religiose che amministra i beni e finanzia le missioni e le altre attività della Chiesa in tutto il mondo. C'è una tipografia che stampa in varie lingue, con una sezione segreta dove vengono stampati i documenti del Papa.

Sylvie Il Vaticano ha anche un proprio giornale, no?

Massimo Esatto. E' l'Osservatore Romano che viene pubblicato sei volte alla settimana.

Sylvie Mi hanno detto che le Poste Vaticane funzionano meglio di quelle italiane.

Massimo Forse lo Spirito Santo dà una mano, chissà.

Sylvie I Musei Vaticani sono veramente così grandi come si dice? Ho sentito che non è possibile vedere tutto in una volta.

Massimo Eh sì. Non è mica un solo museo! Si tratta di un complesso di musei. I più importanti sono: il Museo Gregoriano Egizio, il Museo Gregoriano Etrusco, il Museo Cristiano, la Pinacoteca...

Sylvie Io vorrei assolutamente visitare la Cappella Sistina!

Massimo Ne vale la pena, soprattutto dopo che è stata restaurata.

Sylvie Dicono che i colori sono molto intensi, quasi sgargianti.

Massimo Sembra che i colori originali di Michelangelo fossero così. Comunque c'è stato un dibattito molto controverso fra gli storici dell'arte.

Sylvie Nella Cappella Sistina si tengono i conclavi per l'elezione dei papi, vero?

Massimo Sì, e inoltre è la cappella privata ufficiale dei pontefici. E' stata costruita dal 1475 al 1481 sotto Sisto IV. Sulla volta ci sono i famosi affreschi di Michelangelo che poi, molti anni dopo, ha anche dipinto il Giudizio Universale.

Sylvie Quanto ci vuole per visitare i Musei Vaticani?

Massimo Visitarli tutti in una volta è impossibile. La cosa migliore è concentrarsi su alcune cose, altrimenti si è sopraffatti dalle impressioni e, alla fine, non si ricorda più nulla. Comunque ci sono diversi percorsi, indicati con delle lettere, A, B, C, che vanno da un giro di un'ora e mezzo circa a uno di quasi cinque ore.

Sylvie Penso che, per cominciare, scegliamo il più breve, che ne dici? In questi giorni qui a Roma ho camminato tanto che mi fanno male i piedi.

Massimo D'altra parte una città si conosce andando a piedi, no?

Sylvie Vorrei anche assistere ad una udienza del Papa.

Massimo D'estate, quando fa bel tempo, si tengono all'aperto in Piazza S.Pietro; in inverno, invece, hanno luogo nell'Aula delle Udienze che si trova vicino alla piazza.

Sylvie	Ho letto che domani c'è un concerto della Schola Cantorum del Vaticano.
Massimo	Se vuoi, ci andiamo. Ne vale la pena. Infatti è famosa in tutto il mondo per l'armonia delle sue voci.
Sylvie	Quante cose ci sono da fare e da vedere a Roma! Non basta tutta una vita.
Massimo	A quanto pare, ti sei già innamorata di questa città! Non per niente è la "Città Eterna"...

Guardia Svizzera (Foto Peter Barstorfer-Klein)

Musei Vaticani (Foto Peter Barstorfer-Klein)

Il Papa tra i fedeli (Foto Peter Barstorfer-Klein)

Comprendere

☞ ***Collegate le seguenti risposte alle domande elencate a fondo pagina (es.: 5,c).***

1. *Il Vaticano esiste da quando sono stati stipulati i Patti Lateranensi.*
2. *Sono un centinaio, per lo più studenti. Vengono dalla Svizzera.*
3. *Le Guardie svizzere fanno la guardia al Palazzo Apostolico e agli ingressi.*
4. *Dall'Istituto per le Opere Religiose.*
5. *L'Osservatore Romano.*
6. *Non è mica un solo Museo!*
7. *Ne vale la pena, soprattutto dopo che è stata restaurata.*
8. *Visitarli tutti in una volta è impossibile.*
9. *In estate in Piazza S.Pietro, in inverno nell'Aula delle Udienze.*

a. Vale la pena visitare la Cappella Sistina?
b. Quante sono e chi sono le guardie svizzere?
c. Qual è il giornale del Vaticano?
d. Da chi sono amministrati i beni del Vaticano?
e. Quale funzione hanno le guardie svizzere?
f. E' grande il Museo Vaticano?
g. Quanto tempo ci vuole per visitare i Musei Vaticani?
h. Dove si tengono le udienze del Papa?
i. Da quanto tempo esiste il Vaticano?

San Pietro (Foto Peter Barstorfer-Klein)

Conoscere

I. La Città del Vaticano

All'interno di Roma, sulla sponda destra del Tevere, si trova la Città del Vaticano. E' un piccolissimo stato indipendente che misura meno di mezzo chilometro quadrato, ma comprende inestimabili tesori d'arte. Nel suo territorio ci sono: la grandiosa basilica di San Pietro, i giardini vaticani circondati da mura cinquecentesche, la piazza delimitata dal colonnato del Bernini, i grandi palazzi apostolici dove si trovano i famosi Musei Vaticani, le poste, la Biblioteca e l'Archivio. La piazza San Pietro fa parte della Città del Vaticano, ma è aperta al pubblico ed è soggetta ai poteri della polizia delle autorità italiane.
Il piccolo stato ha moneta propria, può emettere francobolli e non è soggetto a dogana. E' il centro della Cristianità perché è sede del Papato. Dal Vaticano il Papa governa la Chiesa Cattolica.
Lo stato si è costituito l'11 febbraio 1929 con il Trattato stipulato fra il Governo d'Italia e la Santa Sede. Sovrano ne è il Sommo Pontefice. I suoi rapporti con l'estero sono gestiti dagli organi della Santa Sede. L'amministrazione interna ha per capo un governatore. Lo Stato Pontificio è retto da una costituzione del 7 giugno 1929.
I patti fra lo Stato Italiano e la Santa Sede si chiamano Patti Lateranensi perché si sono conclusi nel Palazzo del Laterano. Questo palazzo fa parte del complesso di edifici che costituiscono la residenza del Papa e della Curia Pontificia. La residenza estiva si trova a Castel Gandolfo, una villa fuori del territorio del Vaticano.
Il centro della Chiesa Cattolica richiama ogni anno milioni di pellegrini e di turisti e il turismo costituisce una vera ricchezza economica per Roma.

☞ ***Dopo aver letto questo brano, riassumetelo brevemente.***

II. La Cappella Sistina

La Cappella Sistina è stata affrescata da Michelangelo Buonarroti. Michelangelo, nel marzo del 1505 viene chiamato a Roma dal Papa Giulio II che gli commissiona gli affreschi della Cappella Sistina. Accetta malvolentieri, ma porta a termine l'opera anche se con molte sofferenze e fatiche. Il risultato è eccezionale.
Nella volta della Cappella Sistina Michelangelo raffigura molteplici immagini relative all'attesa del Messia. Le varie scene sono legate da una finta architettura di grandi dimensioni. Sono rivoluzionari sia la concezione generale che l'uso della prospettiva liberamente interpretata.
Nella parete di fondo della Cappella, Michelangelo successivamente dipinge il Giudizio Universale che ha al centro la gigantesca figura di Cristo. Da questa figura partono le altre.
In tutta la composizione c'è un forte senso della materia corporea che dà l'idea del bassorilievo.

☞ ***Se avete visitato la Cappella Sistina, dite quali impressioni ne avete ricevuto. Se l'avete vista dopo il restauro del 1993, provate a ricordare qual è stato l'effetto immediato che vi ha fatto.***

III. L'Italia e il Papato

La presenza della Chiesa Cattolica in Italia ha influenzato e influenza gli Italiani. Leggete e confrontate i due brani seguenti tratti da La Repubblica.

L'Istat conferma: diminuiscono i matrimoni e aumentano i consumi per vacanze e cultura

Gaudente, salutista e "senza famiglia" ecco il nuovo profilo dell'italiano anni '90

di MARINA GARBESI

ROMA – Gaudente e litigioso. *Single* e viziato. Manda all'aria i matrimoni e si accanisce nel gioco. È cinico e cura meticolosamente il proprio corpo. La descrizione non è quella di un novello Casanova. Non è il ritratto di un moderno cortigiano, ma il profilo dell'italiano medio anni '90. Moderatamente agiato, salutista, più colto e informato di trent'anni fa. E soprattutto con una gran voglia di divertirsi e di «coccolarsi» inseguendo ogni comfort con ragionieristica determinazione e nessun senso di colpa.

Un italiano che si sposa di meno e divorzia di più. Che ha rinunciato o quasi a far figli, ma non sopravvive senza l'automobile: nelle grandi città si raggiunge ormai la densità di una macchina ogni due abitanti. Un italiano che, quando mette su famiglia, spesso lo fa solo per ottenere un mutuo, un appartamento in affitto o uno sconto dal fisco...

"La Repubblica" 27/06/94

Ma il papa ripete la sua condanna

di ORAZIO LA ROCCA

CITTÀ DEL VATICANO – «Dio creò l'uomo a sua immagine, maschio e femmina li creò». Papa Wojtyla ricorre al famoso racconto biblico sulla creazione dell'uomo per ricordare al mondo intero che per la Chiesa cattolica il sesso non è un tabù e per ribadire la sua severa condanna contro libero amore, contraccezione, aborto e omosessualità. La santa madre Chiesa, giura Giovanni Paolo II davanti a migliaia di fedeli incuranti del gran caldo calato come una cappa sopra piazza san Pietro, «non può fare a meno di avere una grande stima della sessualità» perché l'atto sessuale tra un uomo e una donna appartiene «al disegno originario divino» varato dal Creatore per consentire la continuità della vita. Ma guai a chi in amore ha facili costumi, agli omosessuali, a chi pratica la contraccezione. Per loro, fa capire Wojtyla, le porte della Chiesa sono sempre chiuse.

☞ ***Ora provate a dire che cosa può significare per l'Italia da un punto di vista culturale, socio-politico ed economico la presenza del Vaticano.***

IV. L'Osservatore Romano e i giornali in Italia

L'Osservatore Romano è il quotidiano del Vaticano. E' strumento dell'ideologia della Chiesa Cattolica.
I giornali in Italia si dividono in base alla loro distribuzione, in quotidiani, settimanali, mensili, bimestrali. Esistono anche, ma in minor quantità, trimestrali e semestrali.
Alcuni giornali si collocano in un'area politica specifica e/o sono organo di partiti politici, altri sono meno schierati.

"I quotidiani"

Escono tutti i giorni e danno informazioni di politica, economia, cronaca, cultura e attualità.
Ecco i nomi di alcuni quotidiani nazionali:

Il Giorno	*La Nazione*	*La Repubblica*
Il Mattino	*Il Corriere della Sera*	*L'Unità*
Il Foglio	*Il Secolo d'Italia*	*Il Manifesto*
Il Messaggero	*Il Giornale*	*Il Popolo*
La Stampa	*L'Avanti*	*La Gazzetta del Mezzogiorno*
Il Resto del Carlino	*Il Tempo*	*L'Avvenire*
L'Osservatore Romano	*Il Sole 24 Ore*	*Liberazione*

"I Settimanali"

Si tratta di riviste che escono una volta alla settimana. Si distinguono in riviste impegnate e d'evasione.

L'Espresso	*Novella 2000*	*Panorama*
Eva 3000	*Gente*	*Chi*
Donna Moderna	*Vivere Sani e Belli*	*Grazia*
Stop	*Gioia*	*Visto*
TV Sorrisi e Canzoni	*Radio Corriere TV*	*Famiglia Cristiana*
Bella	*La Settimana Enigmistica*	*Cuore*

"Mensili e bimestrali"

Sono riviste specialistiche che escono una volta al mese o ogni due mesi. Ce ne sono moltissime, tra cui:

Il Mondo Economico	*Gente Viaggi*	*Archeo*
Salve	*Photo*	*Quattro Ruote*
Airone	*Psicologia*	*Psichiatria*
Gulliver	*Le Scienze*	*Gardenia*

Abruzzo

DATI STATISTICI				
Province	Superficie (km²)	Popolazione	Densità	N°Comuni
Chieti	2 588	387 343	150	104
L'Aquila	5 034	303 318	60	108
Pescara	1 225	292 072	238	46
Teramo	1 948	285 720	147	47
ABRUZZO	**10 795**	**1 268 453**	**149**	**305**

Leggere

Nel Municipio di Scurcola Marsicana, cittadina abruzzese in provincia dell'Aquila, c'è un piccolo ricevimento in onore della delegazione di Hals/Passau, una cittadina bavarese. I due comuni vogliono fare un gemellaggio. Nevio Frezzini, il sindaco di Scurcola, dà il benvenuto agli ospiti.

Frezzini Cari amici di Hals, benvenuti a Scurcola! Vorrei ricordare brevemente in che modo siamo entrati in contatto. Due anni fa la vostra banda musicale, gli Halser Musikanten, è andata a Roma per partecipare alla "Festa della Birra" locale. Un nostro concittadino, Giuseppe Piacente, si trovava lì per caso e ha stabilito i primi contatti. Si sa, la musica unisce, e così anche noi siamo venuti a trovarvi con la nostra banda e il nostro coro. Intanto sono nate molte amicizie: alcuni di voi studiano l'italiano, qualcuno di noi si è messo a imparare il tedesco. Insomma cerchiamo di contribuire un po', nel nostro piccolo, alla costruzione dell'Europa. In questo senso, i gemellaggi giocano un ruolo importante, perché permettono alla gente di incontrarsi, di conoscere lingue, usi e costumi degli altri, di festeggiare insieme. Per farvi conoscere un po' la nostra regione abbiamo preparato un programma che è stato distribuito a tutti. Adesso basta con i discorsi che sono noiosi. Preferirei che foste voi a fare delle domande.

1. Halser Domani c'è in programma la gita al Parco Nazionale d'Abruzzo. Può dirci qualcosa su questo parco?

Frezzini E' stato istituito nel 1923 per proteggere delle specie in via d'estinzione, come il lupo, l'orso bruno, l'aquila reale, il gatto selvatico, ecc., e per salvaguardare le bellezze naturali e paesaggistiche della regione.

2. Halser Ho letto che i lupi hanno ricominciato a moltiplicarsi, vero?

Frezzini Un branco, addirittura, dopo una migrazione lungo gli Appennini di più di mille chilometri durata circa 15 anni, è arrivato fino alla Costa Azzurra. Infatti i lupi sono stati avvistati nel Parco Nazionale del Mercantour.

3. Halser C'è molto turismo nel Parco Nazionale dell'Abruzzo?

Frezzini C'è stato un grande incremento del turismo. Si sono sviluppate molte stazioni turistiche soprattutto invernali e questo ha comportato, fra l'altro, un boom edilizio che deturpa in parte il paesaggio.

2. Halser L'Abruzzo è sempre stata una regione molto isolata, vero?

Frezzini Sì, questo è dovuto al fatto che è una regione completamente montuosa. Abbiamo le montagne più alte dell'Appennino: il Gran Sasso è alto 2.912 metri e la Maiella 2.795.

1. Halser Prima l'Abruzzo era una regione molto povera, no?

Frezzini Sì, per questo molti abruzzesi sono stati costretti ad emigrare per cercare lavoro. Perciò molti paesi sono stati abbandonati. Negli ultimi anni, però, la situazione è migliorata grazie al turismo e, in parte, all'industria. Ad Avezzano, per esempio, c'è una delle più grandi fabbriche europee di chip.

3. Halser Non lontano da qui c'è la piana del Fucino. E' vero che qui esisteva un lago fino al secolo passato?

Frezzini Sì, è stato prosciugato nel secolo scorso. Già i Romani avevano tentato di prosciugarlo ma senza successo. Nei tempi antichi era addirittura più grande del Lago Trasimeno. Adesso è una zona molto fertile.

2. Halser Ho sentito che all'Aquila c'è la famosa Fontana delle 99 Cannelle.

Frezzini Sì, è stata costruita nel 1272 e ricorda la leggenda secondo cui la città è sorta miracolosamente con 99 rioni, 99 castelli, 99 piazze, 99 chiese e 99 fontane. Ancora oggi una campana batte 99 rintocchi. Visiteremo anche la Basilica di S.Maria di Collemaggio che è il monumento più importante dell'architettura abruzzese e uno dei capolavori dell'architettura romanica in Italia. Adesso facciamo una pausa; prima di andare a cena c'è una piccola esibizione della "Schola Cantorum", il nostro coro. Buon divertimento!

Comprendere

☞ ***Scegliete la risposta esatta:***

1. *Come si sono conosciuti la delegazione di Hals e i cittadini di Scurcola?*
   - ❑ Giuseppe Piacente, un cittadino di Scurcola, è andato a Roma ad incontrare la delegazione due anni fa.
   - ❑ Giuseppe Piacente, un cittadino di Scurcola, ha incontrato casualmente la delegazione due anni fa a Roma.

2. *Che cosa dice riguardo ai gemellaggi il sindaco di Scurcola?*
   - ❑ dice che sono importanti per la costruzione dell'Europa.
   - ❑ dice che sono un'occasione per conoscere e viaggiare.

3. *Perché è stato istituito il Parco Nazionale d'Abruzzo?*
   - ❑ Per proteggere gli animali e salvaguardare la natura e l'arte della regione.
   - ❑ Per prevenire l'estinzione di alcune specie animali e salvaguardare i beni naturali e artistici della regione.

4. *C'è turismo nel Parco Nazionale dell'Abruzzo?*
   - ❑ Sì, negli ultimi anni è aumentato.
   - ❑ Sì, ma solo in inverno.

5. *Perché l'Abruzzo è stato quasi sempre isolato?*
   - ❑ Perché è molto montuoso.
   - ❑ Perché è una regione povera.

6. *C'è molta emigrazione in Abruzzo?*
   - ❑ Negli ultimi anni è diminuita.
   - ❑ Sì, perché c'è molta disoccupazione.

7. *Che cosa è la piana del Fucino?*
   - ❑ E' la zona intorno al Fucino.
   - ❑ E' la zona dove prima si trovava il Fucino.

8. *Che cosa ricorda la famosa fontana dell'Aquila che ha 99 cannelle?*
   - ❑ Ricorda la nascita dell'Aquila.
   - ❑ Ricorda una leggenda legata alla nascita dell'Aquila.

Conoscere

I. Le strade d'erba

Per secoli l'Abruzzo ha basato la sua economia sulla pastorizia. In primavera i monti si coprono di erba sufficiente a nutrire una grande quantità di pecore. All'arrivo dell'inverno i pastori conducevano le greggi verso i pascoli della pianura in Puglia e nel Lazio. Di comune accordo gli Abruzzesi lasciavano lunghissime strisce di terreno libero dalle coltivazioni lungo i pendii dei monti. Le pecore trovavano così erba sufficiente per nutrirsi durante lo spostamento chiamato "transumanza". I prati stretti e lunghi chilometri e chilometri, percorsi dalle pecore erano simili a strade verdi coperte di bassa vegetazione: i "tratturi". Collegavano i monti dell'Abruzzo con i pascoli della pianura.
Il passare del tempo ha modificato la situazione dei pascoli pugliesi e laziali per cui la pastorizia in Abruzzo non è più sviluppata come in passato e sulle "strade d'erba" si spostano ormai pochi pastori con le loro greggi.

La vita dei pastori e la transumanza sono descritte dal poeta abruzzese Gabriele D'Annunzio (1863-1938) nella poesia "I Pastori d'Abruzzo".
Leggete i primi versi e scrivete con le vostre parole le sensazioni dei pastori al momento di partire.

I Pastori d'Abruzzo

Settembre, andiamo. E' tempo di migrare
Ora in terra d'Abruzzo i miei pastori
lascian gli stazzi[1] *e vanno verso il mare:*
scendono all'Adriatico selvaggio
che verde è come i pascoli dei monti.

Han bevuto profondamente ai fonti
alpestri[2], *che*[3] *sapor d'acqua natia*[4]
rimanga ne'[5] *cuori esuli a conforto,*
che lungo[6] *illuda la lor sete in via.*
[...]

Lessico contestuale:	
1 *stazzi*	recinti
2 *fonti alpestri*	fonti di montagna
3 *che*	affinché
4 *acqua natia*	acqua del proprio paese
5 *ne'*	nei
6 *lungo*	a lungo

II. Silone: scrittore abruzzese

Ignazio Silone nasce a Pescina, in provincia dell'Aquila, il 1°maggio 1900. I suoi romanzi, i suoi saggi e i lavori teatrali sono tutti ambientati in Abruzzo. I romanzi più conosciuti sono "Fontamara", pubblicato in traduzione tedesca a Zurigo nel 1933, e "Pane e Vino", pubblicato in varie lingue all'estero intorno al 1937. Le due opere sono state largamente apprezzate dal pubblico straniero. In Italia sono state diffuse solo dopo la seconda guerra mondiale perché prima erano proibite. Nel 1953 Mondadori pubblica l'edizione definitiva di "Fontamara" e nel 1955 quella di "Pane e Vino" con il titolo di "Vino e Pane". Rappresentano un'accusa al fascismo e sono testimonianza della lotta delle plebi abruzzesi e meridionali contro lo sfruttamento degli agrari che vogliono mantenere privilegi feudali.
In "Fontamara" è descritto il dramma storico dei "cafoni" del Sud che desiderano libertà e giustizia. Fontamara è un paese dell'Abruzzo dove i "cafoni" che lo abitano vivono nella sofferenza. Ad un certo punto si ribellano e acquisiscono dignità.
In "Vino e Pane" Silone descrive il ritorno in Italia di un fuoriuscito, Pietro Spina, che ha una grande volontà di lotta e vuole trasmetterla ai contadini abruzzesi.

Leggete il brano che segue tratto da "Vino e Pane". Si riportano alcune battute del dialogo tra Pietro Spina, tornato nella sua terra, e Nunzio, un suo amico dell'infanzia diventato medico.

> [...] "Anche quelli che hanno il potere e ne sfruttano i vantaggi, credi a me, vivono d'intrighi[1] e paure, e sono pieni di disgusto[2] verso la stupidità dominante. Anch'essi vivono nel provvisorio[3], in attesa»
> «Non bisogna aspettare» disse Pietro. «Anche nell'emigrazione si vive in attesa. Questo è il male. Bisogna agire. Bisogna dire: Basta, da oggi».
> «Ma se non c'è libertà?» disse Nunzio.
> «La libertà non è una cosa che si possa ricevere in regalo» disse Pietro. «Si può vivere anche in paese di dittatura ed essere libero, a una semplice condizione, basta lottare contro la dittatura. L'uomo che pensa con la propria testa e conserva il suo cuore incorrotto[4] è libero. L'uomo che lotta per ciò che egli ritiene giusto, è libero. Per contro, si può vivere nel paese più democratico della terra, ma se si è interiormente pigri[5], ottusi[6], servili[7], non si è liberi; malgrado l'assenza di ogni coercizione[8] violenta, si è schiavi. Questo è il male, non bisogna implorare la propria libertà dagli altri. La libertà bisogna prendersela, ognuno la porzione[9] che può».
> Nunzio restò pensieroso e impacciato.
> «Tu sei la nostra vendetta» disse. «Tu sei la parte migliore di noi stessi. Pietro, cerca di essere forte. Cerca di vivere, di durare. Sta' veramente attento alla tua salute».
> «Nunzio» disse Pietro a stento «se il mio ritorno in Italia non fosse servito che a suscitare questa tua voce, già mi basterebbe" [...].

Lessico contestuale:	
[1] *intrighi*	raggiri - inganni
[2] *disgusto*	ripugnanza - disapprovazione
[3] *nel provvisorio*	nell'insicurezza
[4] *incorrotto*	integro - puro
[5] *pigri*	passivi
[6] *ottusi*	stupidi
[7] *servili*	assoggettati
[8] *coercizione*	costrizione
[9] *porzione*	parte

☞ *Secondo voi, è possibile mantenere in qualsiasi situazione la propria libertà?*
Siete d'accordo con quanto afferma Pietro Spina? Discutetene.

III. I paesi dell'Abruzzo

Alcuni paesi d'Abruzzo per merito del turismo sono vivi e ridenti. Tra questi, i più conosciuti sono: Pescasseroli, Scanno e Roccaraso. Sono località di soggiorno estivo e di sport invernali.
Scanno è conosciuto per le caratteristiche abitazioni e per il costume delle donne che è diventato il simbolo del folklore abruzzese.
Pescasseroli è un bellissimo posto di villeggiatura e punto di partenza per escursioni nel Parco Nazionale d'Abruzzo. In questo paese si trova la casa dove è nato il celebre filosofo Benedetto Croce.
Roccaraso è un'importante località di villeggiatura e di sport invernali. Si trova tra la Maiella e i Monti Marsicani, in una località molto suggestiva.
In Abruzzo però è facile vedere sul Gran Sasso e in altre zone montuose anche alcuni paesi abbandonati o semiabbandonati formati da case cadenti, piazze vuote, strade dove passa solo qualche turista curioso.
Questi paesini non sono collegati né tra loro, né con i centri più grandi. Sono privi di ogni comodità.
La Regione nel 1975 ha varato delle leggi favorevoli per le comunità montane, ma il flusso dell'emigrazione non è cessato.
Paesi interi sono abitati solo da anziani che soffrono per la lontananza dei figli e per la solitudine.

Ruderi (Foto Aldo Cari)

Non solo in Abruzzo ci sono paesi quasi interamente abitati da anziani. L'Italia è, infatti, una nazione dove le nascite sono meno delle morti e potrebbe essere presto il Paese con la più alta percentuale di anziani. Per questo motivo la scienza si occupa di prevenire le malattie collegate all'invecchiamento e di rendere longeve le persone.

Per approfondire l'argomento leggete nella pagina seguente l'articolo tratto da "La Repubblica" del 1°Agosto 1994.

Quelle culle vuote in vista del 2000

Troppi o troppo pochi? E' guerra tra gli esperti

di ANTONIO CIANCIULLO

ROMA – Una società di vecchi senza avvenire, di figli unici disorientati, di pensioni che vacillano, di frontiere che scricchiolano sotto la spinta degli immigrati. Oppure una società di sessantenni sempre più pimpanti e attaccati al lavoro, di spazi che tornano ad allargarsi, di schemi logori che saltano, di incontri tra culture diverse. All'indomani dell'atteso annuncio della crescita sottozero, le interpretazioni sulla grande sterzata demografica in atto in tutto l'Occidente - con l'Italia in prima fila - sono più che mai divergenti.

Da una parte c'è chi sottolinea i rischi del cambiamento sia sotto il profilo psicologico che dal punto di vista degli interessi materiali in gioco: pensioni, mestieri che diventano sovraffollati, mestieri in cui vengono a mancare gli addetti. Dall'altra c'è chi invita ad affrontare la sfida della società che cambia, ad adeguare le reazioni psicologiche alla realtà dei mutamenti in atto: la medicina che ha spostato le frontiere dell'età, le famiglie in cui i figli hanno acquistato un peso specifico maggiore, i flussi migratori che si intensificano.

Il diagramma mostra i due elementi che formano la linea di tendenza demografica in Italia negli ultimi vent'anni. Il numero dei figli per donna indica il tasso di fertilità (che deve sfiorare quota due perchè il totale della popolazione resti costante). Le colonnine segnalano invece i valori assoluti della popolazione: l'aumento è andato rallentando fino a bloccarsi e ad avere un saldo leggermente negativo nel '93.

Lessico contestuale:

disorientati	senza orientamento
vacillano	insicure
scricchiolano	cedono
pimpanti	allegri e in salute
logori	consumati
sterzata	cambiamento
demografica	della popolazione
in atto	attuale
divergenti	contrari
il profilo	il punto di vista
addetti	esperti
flussi	correnti

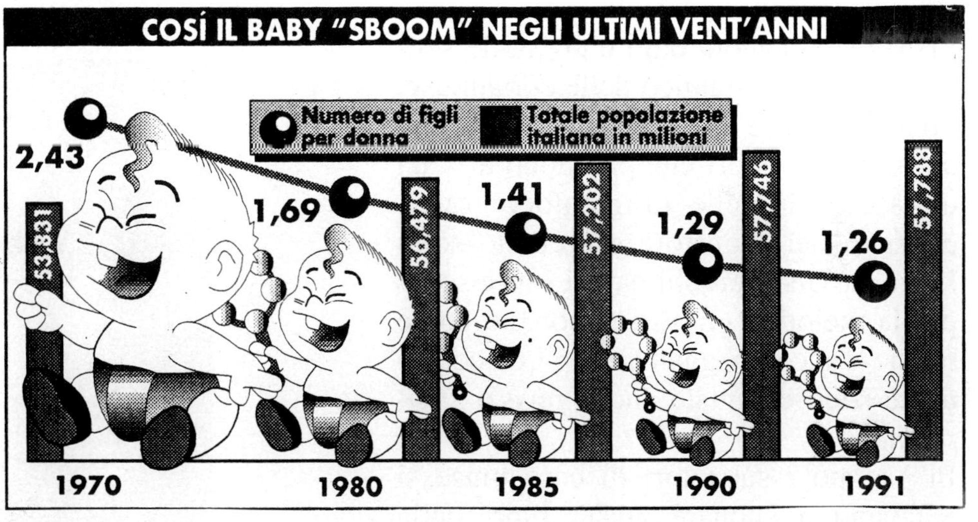

☞ ***Dopo aver letto l'articolo dite se nei vostri paesi la situazione demografica è simile o diversa da quella dell'Italia ed elencate i vantaggi e gli svantaggi del calo delle nascite.***

VANTAGGI

SVANTAGGI

IV. Curiosità abruzzesi

A. La Festa dei Serpari

L'Abruzzo è una regione che per la conformazione geologica e la posizione geografica, rimane isolata. Le tradizioni nate in questo territorio sono ancora vive e sentite, non si ripetono solo per i turisti.
Una delle più antiche è la festa dei Serpari, che si svolge nel paese di Cocullo. In primavera, il primo giovedì di maggio, i Serpari con i rettili posti attorno al collo e alle braccia, portano in processione la statua di San Domenico coperta di serpi vive che si dimenano e si avvolgono intorno al Santo.
San Domenico è il protettore di Cocullo. Protegge dal mal di denti e dal morso dei serpenti.
Questa tradizione è di origine pagana.
San Domenico ha preso il posto della dea Angizia, alla quale venivano attribuiti gli stessi poteri.

☞ ***Vi piacerebbe partecipare alla Festa dei Serpari? Perché?***

B. Le cornamuse

In Abruzzo ancora oggi è possibile sentire il suono nostalgico delle cornamuse. Sono strumenti musicali a fiato formati da più tubi sonori che prendono aria da un sacco di pelle di montone (otre), gonfiato dal suonatore e premuto sotto l'ascella. Uno dei tubi ha dei fori e serve per la melodia, gli altri risuonano come bassi d'accompagnamento. Le cornamuse sono chiamate anche *pive* o *zampogne*.
In passato i suonatori di cornamuse si recavano a suonare anche fuori della loro regione, in occasione delle feste natalizie. Suonavano nelle piazze dei paesi e delle città per raccogliere denaro. L'Abruzzo infatti era una regione povera. L'emigrazione ha portato tanti giovani lontano dalle loro terre, ma c'è sempre qualcuno in quei luoghi che può farci ascoltare ancora la musica un po' triste delle cornamuse.

(Foto di Peter Barstorfer-Klein)

☞ ***Avete mai sentito il suono delle cornamuse?***
Se sì, quale sentimento ha suscitato in voi?

Molise

DATI STATISTICI

Province	Superficie (km²)	Popolazione	Densità	N°Comuni
Campobasso	2 909	239 434	82	84
Isernia	1 529	92 249	60	52
MOLISE	**4 438**	**331 683**	**71**	**136**

Leggere

A Toro, un piccolo paese molisano in provincia di Campobasso, il giorno di San Giuseppe si svolge la "Sagra del Convito", con banchetti luculliani. A tavola Gianni conversa con sua moglie Lina che è molisana.

Gianni Se non sbaglio, tu sei già stata a questa sagra. Quante specialità ci sono?

Lina Sono tredici in tutto. Il menù tradizionale è composto di lenticchie, verdure, fagioli, spaghetti con la mollica, maccheroni con acciughe e tonno, baccalà, calzoni ripieni di pasta di ceci e miele, diversi contorni, pane cotto all'antica maniera e cioè nei forni di paglia, vini rossi e bianchi, ecc.

Gianni Insomma c'è ogni ben di Dio.

Lina Be', il Molise prima era una regione ancora molto più povera di oggi e così si è pensato di organizzare una festa simile per permettere anche ai poveri, almeno una volta all'anno, di farsi una grande abbuffata.

Gianni A causa della grande povertà molti molisani sono emigrati.

Lina Adesso, comunque, l'emigrazione, più o meno, è cessata, anzi c'è addirittura un leggero aumento della popolazione.

Gianni A cosa è dovuto?

Lina In parte al ritorno degli emigrati. Negli ultimi anni si è cercato di avviare l'industrializzazione della regione. Termoli, che si trova sul mare, è diventato il più importante centro industriale.

Gianni C'è anche uno degli stabilimenti più moderni della Fiat in cui la produzione dei motori è interamente automatizzata.

Lina La Fiat ha investito qui anche perché ha usufruito di agevolazioni statali quando c'era ancora la "Cassa per il Mezzogiorno".

Gianni Un altro vantaggio era anche la disponibilità di manodopera locale, desiderosa di lavorare e non così politicizzata come a Torino.

Lina Per fortuna, la fabbrica Fiat di Termoli non è rimasta una "cattedrale nel deserto", ma ha avuto degli effetti positivi sull'economia della zona.

Gianni Comunque i Molisani sono gente fiera, come i Sanniti, i loro antenati che hanno combattuto per diversi secoli contro Roma. Alla fine hanno perso, però sono riusciti ad infliggere delle sconfitte clamorose ai romani, come quella delle Forche Caudine.

Lina A Sepino, che è stata distrutta dai Romani nel III secolo a.C., ci sono dei resti molto interessanti: il foro, la basilica, le terme, e un tratto delle antiche mura romane.

Gianni Se non sbaglio, anche ad Isernia gli archeologi hanno fatto dei ritrovamenti importanti, ma non mi ricordo più di cosa si tratta.

Lina Lì hanno scoperto l'accampamento dove viveva uno dei più antichi, o forse addirittura il più antico "homo erectus", cioè uno dei primi abitanti dell'Italia.

Gianni E quando è vissuto?

Lina Credo più di 700 mila anni fa.

Gianni Accidenti come passa il tempo!

Lina Sì, vola. Intanto sono arrivati gli antipasti. Buon appetito.

Comprendere

☞ ***Con le vostre parole, completate gli spazi vuoti:***

1. La sagra è famosa per

. E' stata organizzata

2. L'emigrazione

alcuni emigrati sono tornati

3. A Termoli

. La fabbrica di Termoli, fortunatamente, ha avuto successo.

4. Gli antenati dei Molisani

5. In Molise sono stati fatti interessanti ritrovamenti archeologici

☞ ***Dal contesto provate a capire il significato delle seguenti frasi idiomatiche:***

"Banchetti luculliani"

"C'è ogni ben di Dio"

"Farsi un'abbuffata"

"Cattedrale nel deserto"

Conoscere

I. "Le Terre del Sacramento"

Francesco Jovine, scrittore molisano, è l'autore del romanzo "Le Terre del Sacramento" (1950). In quest'opera parla della situazione dei contadini del Molise dopo la prima guerra mondiale.

[...] "Dolce autunno a Morutri[1]. Erano incominciate alla fine di ottobre pioggerelle lente, impastate[2] di nebbia; una benedizione di acqua notturna che durava fino alle prime luci dell'alba. Era l'ora in cui i cafoni[3] uscivano per la semina[4]. Ai margini[5] delle terre del Sacramento[6] lavoravano i Marano, i Cirella, i Mindeo, i Colangeli, tutti affittuari[7] di Enrico Cannavale.
Un giorno Seppe Marano, voltando la coppia di asini che tiravano dietro l'aratro[8], aveva superato i confini.
«Sei andato un'altra volta più in là del termine[9]», disse Immacolata.
[...]
«Non faccio niente di male» rispose Seppe [...] «Che faccio di male se l'aro[10] e la semino[11]?»
«E' la terra di Dio, Seppe. Dove incominciano i terreni del Sacramento non si può più lavorare».
«Dove c'è buona terra, Iddio la benedice, Immacolata» disse Seppe.
[...]
«Nella Piana[12] le hanno arate, la primavera scorsa, le terre dei Pavoncelli[13]. Sono stati i contadini di Fadena[14]. Volevano seminarla senza pagare il fitto[15] al padrone».
Parlava Arduino Maranca, un bracciante di trent'anni che aiutava i Marano. «Lo so lo hanno raccontato anche a me» disse Seppe «ma poi è finita male. [...] Ma quelli che erano alla Piana non volevano pagare niente».
«E facevano bene, sangue di Giuda» disse Arduino. «Quella era terra che da trecento anni non lavorava nessuno. Se non la lavorava nessuno non apparteneva a nessuno».

Lessico contestuale:

[1]*Morutri*	il paese del protagonista del romanzo, Luca Marano
[2] *impastate*	formate
[3] *cafoni*	contadini
[4] *semina*	periodo in cui il contadino sparge i semi
[5] *margini*	lati
[6] *terre del Sacramento*	terre che appartengono alla Chiesa
[7] *affittuari*	contadini che avevano preso in affitto la terra
[8] *aratro*	strumento per lavorare la terra
[9] *termine*	confine
[10] *aro*	lavoro la terra
[11] *semino*	metto semi nella terra
[12] *La Piana*	zona della campagna molisana
[13] *terre dei Pavoncelli*	terre di una famiglia proprietaria di terreni della zona
[14] *Fadena*	paese del Molise
[15] *fitto*	affitto

☞ ***Nel testo parlano tre personaggi: Seppe Marano, Immacolata e Arduino Maranca. Provate a riassumere, in poche parole, la loro opinione sullo sfruttamento delle terre.***

SEPPE MARIANO

IMMACOLATA

ARDUINO MARANCA

II. Antonio Di Pietro

☞ ***Cosa sapete di Tangentopoli?***
Esiste nel vostro Paese qualcosa di simile?

Avete sentito parlare dell'ex-magistrato molisano Antonio Di Pietro, attuale Ministro dei Lavori Pubblici?
In Italia è un personaggio notissimo. Dal 1992 alla fine del 1994 ha condotto la famosa inchiesta su TANGENTOPOLI all'interno del pool *Mani Pulite*.
Il 6 dicembre 1994 ha "misteriosamente" lasciato la Toga.
Gli Italiani hanno fatto, per giorni e giorni, varie ipotesi sulle cause della sua decisione.
Oggi usiamo la parola "DIPIETRISMO" per indicare il desiderio di onestà e trasparenza che accomuna una certa parte di Italiani.

☞ ***Seguendo lo schema della carta d'identità di A. Di Pietro, tratto da "La Voce" del 7 dicembre 1994, provate a scrivere la carta d'identità di un personaggio famoso nel vostro Paese.***

La carta d'identità

COGNOME Di Pietro

NOME Antonio

NATO IL 2 ottobre 1950

A Montenero di Bisaccia (Campobasso)

CITTADINANZA Italiana

RESIDENZA Curno (Bg)

STATO CIVILE Divorziato da Isabella Ferrari, coniugato con Susanna Mazzoleni. Tre figli: Cristiano, 21 anni, Titti(Anna), 6 anni, Toto (Antonio Giuseppe), 3 anni

PROFESSIONE Ex contadino, ex operaio, ex impiegato, ex commissario di polizia, ex magistrato

STATURA 1,82

CAPELLI Castani

OCCHI Castani

SEGNI PARTICOLARI Capatosta

PASSIONI I computer, coltivare asparagi in giardino, giocare a calcio. Fino a ieri, la sua toga di magistrato

III. Le risorse del Molise

A. Il Molise, regione agricola

Il Molise è una regione essenzialmente agricola. Il suo territorio, abbastanza montagnoso nell'interno, è invece fertile lungo la costa e nelle vallate.
L'agricoltura molisana è praticata soprattutto dagli anziani; molti giovani hanno lasciato la loro terra per andare al Nord o all'estero in cerca di un lavoro più redditizio. I prodotti agricoli del Molise sono: il grano, il girasole, le fave, i fagioli e l'olivo. La vite è coltivata soprattutto lungo le coste.
La scarsità d'acqua della regione è un problema perché impedisce un migliore sviluppo dell'agricoltura.

Lessico contestuale:	
fertile	che può dare buoni frutti
redditizio	che dà maggiori guadagni
scarsità	mancanza

☞***Dividete i prodotti agricoli elencati a fondo pagina in ortaggi, legumi, cereali, frutta (agrumi, frutta fresca, frutta secca).***

ORTAGGI	LEGUMI	CEREALI

AGRUMI	FRUTTA FRESCA	FRUTTA SECCA

Pomodori, mandorle, bietola, uva, ciliegie, cipolle, noci, sedano, pere, albicocche, arance, fagiolini, cocomero, fagioli, fragole, insalata, riso, fichi, aglio, mele, pesche, piselli, melone, limoni, lenticchie, susine, granoturco, cavoli, carote, cedri, finocchi, spinaci, noccioline, olive, melanzane, patate, ceci.

☞***Dite quali di questi prodotti esistono nei vostri paesi e spiegate quali mangiate e quali usate da ornamento.***

B. Turismo, speranza del Molise

Le speranze in un'economia migliore si fondano oggi sullo sviluppo del turismo, in particolare su quello basato sugli sport invernali, sulla valorizzazione di due zone: il Matese e le Mainarde.

La neve sul Matese (2.000 metri circa di altitudine) dura da novembre a giugno e dà grandi possibilità di svago agli sciatori dell'Italia Meridionale, dove i campi nevosi sono rari.

Alberghi, cabinovie, teleferiche sono oggi raggiungibili attraverso una strada costruita negli anni '60, paesaggisticamente molto suggestiva e praticamente utile. Questa strada ha il merito di aver collegato le città ad una zona fino a pochi anni fa quasi inaccessibile. Permette di raggiungere un vero paradiso per i turisti che amano lo sci e un vero godimento per tutti coloro che amano la natura.

***Lessico contestuale*:**

valorizzazione	riconoscimento di pregi
svago	divertimento
paesaggisticamente	in relazione ai paesaggi
suggestiva	attraente, bella
quasi inaccessibile	quasi irraggiungibile
vero paradiso	stato di soddisfazione
godimento	motivo di soddisfazione

Campania

DATI STATISTICI

Province	Superficie (km^2)	Popolazione	Densità	N°Comuni
Avellino	2 792	441 513	158	119
Benevento	2 071	295 843	143	78
Caserta	2 639	838 677	318	104
Napoli	1 171	3 095 077	2 643	92
Salerno	4 922	1 083 702	220	158
CAMPANIA	**13 595**	**5 754 812**	**696**	**551**

Leggere

Il signor Frosio, in gita a Napoli, chiede un'informazione ad un passante.

Frosio Scusi, mi sa dire come si arriva al Museo Nazionale di Archeologia?

Coppola Da qui è un po' complicato. Ha una pianta della città? Anzi no, facciamo una cosa. L'accompagno io!

Frosio Ma non vorrei disturbarLa! Comunque è molto gentile da parte Sua. Io sono di Lodi, in Lombardia; da noi nessuno ha tempo, tutti hanno fretta.

Coppola Io, invece, sono napoletano e Le assicuro che Napoli è un altro pianeta.

Frosio In che senso? Anch'io ho notato che è molto diversa da tutte le altre città.

Coppola Ci sono molte differenze. Intanto è l'unica vera megalopoli italiana. Lei può andare fino a Pozzuoli, a Castellamare di Stabia o a Caserta senza mai uscire dalla città, attraverso quartieri degradati che assomigliano alle periferie di talune città sudamericane o africane.

Frosio In effetti Napoli è la città dei contrasti: da una parte è situata in uno dei più bei golfi del mondo, dall'altra c'è droga, miseria, criminalità...

Coppola Accanto a dei palazzi signorili trova dei tuguri come quelli dei "bassi", vicino alle vie più eleganti ed illuminate ci sono dei vicoli sudici e bui.

Frosio Secondo me il fascino di Napoli sta proprio in questi contrasti, non trova?

Coppola Be', per i turisti senza dubbio. Però per le migliaia e migliaia di disoccupati napoletani che cercano disperatamente un lavoro, la situazione è tragica. Per questo molti si arrangiano.

Frosio I napoletani sono dei maestri nell'arte di arrangiarsi, vero?

Coppola Il bisogno aguzza l'ingegno. A Napoli ci sono delle professioni che non esistono in nessun altro luogo. Per esempio, se una persona compra delle scarpe nuove che le fanno male, può ingaggiare qualcuno che, dietro un modico compenso, le inaugura andando in giro per qualche ora. Questo sistema economico ha anche un nome: "economia del vicolo".

Frosio Si parla tanto del risanamento di Napoli. Lei cosa ne pensa?

Coppola E' uno dei problemi più gravi non solo della Campania, ma di tutta l'Italia. Si è fatto qualcosa ma c'è ancora moltissimo da fare. Una delle cause dell'arretratezza di Napoli e di tutto il Mezzogiorno è stata la mancanza di una borghesia intraprendente ed industriale. Un'altra differenza rispetto alle altre città italiane è che a Napoli, nel 1799, c'è stata una terribile guerra civile. La borghesia napoletana, sulla falsariga dei francesi, voleva fare una rivoluzione democratica che, purtroppo, è fallita perché il popolo non era dalla sua parte, ma da quella dei Borboni oppressori. Allora i rappresentanti più validi della borghesia e degli intellettuali napoletani sono stati sterminati senza pietà, e questo ha bloccato lo sviluppo della città.

Frosio Lei conosce molto bene la storia della Sua città.

Coppola La storia è maestra di vita. Il Museo Nazionale di Archeologia che Lei vuole visitare è uno dei più ricchi del mondo e permette di fare un viaggio nel passato, anzi di respirare lo spirito del mondo antico. Se si va, per esempio, a Cuma o a Capo Miseno, si sente la presenza di Virgilio.

Frosio Una delle caratteristiche dei napoletani è il fatalismo, mi sembra.

Coppola Per forza. Come si fa a non essere fatalisti con il pericolo del Vesuvio che potrebbe risvegliarsi da un momento all'altro?

Frosio Ma non c'è San Gennaro che vi protegge?

Coppola Eh sì, meno male che c'è lui. E poi a Napoli abbiamo anche la Smorfia. Tutti i napoletani sognano di vincere al lotto.

Frosio La ringrazio delle Sue interessantissime spiegazioni. Dimenticavo! Un'ultima domanda. Vorrei sapere dove posso trovare una buona pizzeria dove mangiare la vera pizza napoletana.

Coppola Qualunque pizzeria qui cucina ottime pizze.

Frosio Grazie. Ecco il mio biglietto da visita. Se passa da Lodi, venga a trovarmi. Mi farebbe molto piacere.

Comprendere

☞ ***Rispondete al seguente questionario:***

1. Che cosa ha notato Frosio a proposito di Napoli?

2. Perché Napoli è l'unica vera megalopoli italiana?

3. Qual è il contrasto più evidente di Napoli?

4. Perché i Napoletani sono maestri nell'arte di arrangiarsi?

5. Che cosa c'è stato a Napoli nel 1799?

6. A che cosa fa risalire il fatalismo dei Napoletani Coppola?

7. Che cos'è la "Smorfia"?

Amalfi (Foto Heidi Lehner)

I. Le arti dei Napoletani

A. Arrangiarsi

L'arte di arrangiarsi è stato ed è un caratteristico stile di vita di tanti Napoletani costretti a trovare espedienti per sopravvivere.
Alla base di quest'arte ci sono creatività, fantasia e tanta furbizia.
L'arte di arrangiarsi, purtroppo, si trasforma spesso in malavita.

B. Recitare

Il Napoletano per natura si esprime recitando. Mentre parla manifesta il suo stato d'animo con espressioni, gesti significativi e linguaggio colorito.
L'arte teatrale è stata ed è ancora molto presente nella cultura napoletana. Note sono le famose sceneggiate alle quali non si assiste solo a teatro, ma anche nella vita quotidiana. Mario Merola è definito il re della sceneggiata napoletana.
Tra gli attori napoletani più famosi ci sono Totò, i fratelli De Filippo e i loro figli.

C. Cantare

Cantare a Napoli è come respirare e vivere.
Quando si passa per i vicoli napoletani è facile sentire giovani e anziani che cantano o fischiettano motivetti o canzoni celebri.
Ogni anno, di settembre, a Piedigrotta si svolge la Sagra della Canzone Napoletana.
Parole e musica delle canzoni napoletane sono legate al folklore e ai sentimenti della gente.
Canzoni come "O Sole Mio" e cantanti come Enrico Caruso sono famosi in tutto il mondo.

II. Un viaggio in Campania

PROGRAMMA DEL VIAGGIO:
MONTECASSINO-CASERTA-NAPOLI-POMPEI-CAPRI-COSTA AMALFITANA

<u>Lunedì 28 aprile</u>

Ore 5,30 - Partenza in pullman: Piazza Garibaldi.

Prima sosta: Abbazia di Montecassino. Visita alla celebre Abbazia fondata nel 529 da San Benedetto da Norcia. Interessanti le molteplici opere d'arti e la biblioteca.

Ore 13 - Arrivo a Napoli. Pranzo e visita al Vesuvio, vulcano ancora attivo, celebre per avere seppellito durante un'eruzione le città di Pompei, Ercolano e Stabia nel 79 d.C.

Ore 17 - Visita ai luoghi più famosi della città.

Ore 20 - Cena e pernottamento.

<u>Martedì 29 aprile</u>

Ore 8,15 - Partenza per l'isola di Capri. Visita dell'isola ed escursione alla Grotta Azzurra.

Ore 15 - Visita a Pompei, città dissepolta che restituisce ai visitatori di oggi una colonia romana fissata nel tempo dalla lava.

Ore 20 - Cena e pernottamento a Maiori, sulla Costa Amalfitana.

<u>Mercoledì 30 aprile</u>

Ore 8 - Giro turistico sulla Costa Amalfitana, nota per le bellezze naturali e per le città come Amalfi, Positano, Ravello...

Ore 16 - Partenza per il ritorno, con tappa a Caserta per visitare la reggia, uno dei più vasti e maestosi palazzi d'Italia.

Napoli (Foto Aldo Cari)

☞***Dopo aver letto il programma del viaggio, provate a scriverne uno simile riguardo ad una gita che avete fatto o che vorreste fare.***

III. Vendesi Capri

Leggete i brani tratti dall'articolo "Vendesi Capri", di Enzo Siciliano, apparso su "La Repubblica" del 24.07.1994.

Capri (Foto Alessia Scarpocchi)

[...] mi ha portato a nuoto alla Grotta Verde, un arco di roccia fra due baie [...] e mi ha mostrato come la trasparenza dell'acqua [...] si faccia smeraldo [...] Capri dicono sia l'isola omerica delle Sirene [...]
[...] se all'ora del tramonto, vi capita di osservare dall'alto il mare liscio e violetto dentro cui i Faraglioni rovesciano come dentro uno specchio la propria immagine, il proprio calcare acceso dal rosa dell'ultima luce del giorno, vi verrà il sospetto di non assistere a un miracolo di natura, ma alla replica di uno spot pubblicitario [...]

☞ ***Capri, l'isola dell'arcipelago campano, è un luogo da sogno. Descrivete una località che, in Italia o all'estero, può essere famosa come Capri in Italia e nel mondo.***

IV. Superstizione o miracolo?

A. Il Miracolo di San Gennaro

San Gennaro è il patrono di Napoli. I Napoletani, in caso di bisogno, sanno che possono chiedergli aiuto. Se un Napoletano ha problemi di salute, di soldi, d'amore si rivolge con fiducia a San Gennaro che aiuta anche in caso di incendio, terremoto o eruzione del Vesuvio.
Secondo la tradizione, San Gennaro sarebbe nato a Napoli nella seconda metà del III secolo d.C. All'inizio del IV secolo è vescovo di Benevento. Diocleziano, imperatore romano, perseguita i cristiani e anche San Gennaro cade nelle sue persecuzioni e viene decapitato.
Una donna raccoglie il sangue del martire e lo consegna, in due ampolle, al vescovo di Napoli.
Il miracolo di San Gennaro consiste nella liquefazione del sangue che è normalmente coagulato. La cosa eccezionale è la regolarità del miracolo che si verifica tutti gli anni a data fissa: il sabato precedente la prima domenica di maggio; il 19 settembre; il 16 dicembre.
Comunque il miracolo può verificarsi anche in circostanze eccezionali, come in caso di visita di un Capo di Stato o di gravi calamità naturali (come un terremoto, o l'eruzione del Vesuvio). Quando il miracolo si verifica, avvengono delle scene incredibili: tutti vogliono baciare le ampolle con il sangue. Si è cercato di spiegare il fenomeno in modo naturale, ma finora senza successo.
Si sono fatte diverse ipotesi: secondo alcuni il miracolo è causato dall'energia psichica dei fedeli raccolti in preghiera; secondo altri dal calore delle candele. C'è anche chi parla di imbroglio. Ma finora non c'è niente di sicuro.
E' una gran consolazione, e non solo per i Napoletani, sapere che c'è un Santo così disponibile.
Forse per questo sono in tanti a dire che, per ottenere qualcosa in Italia, ci vogliono i "Santi in Paradiso".

☞ ***Che cosa pensate del prodigio della liquefazione del sangue di San Gennaro?***

☞ ***Credete nei miracoli? Discutetene.***

B. Napoli superstiziosa

A Napoli sono molto diffuse alcune credenze superstiziose, tra cui:

- *Rompere uno specchio* ⇨ porta disgrazia
- *Rovesciare il sale in tavola* ⇨ porta disgrazia
- *Incontrare un gatto nero* ⇨ è di cattivo presagio
- *Essere in tredici a tavola* ⇨ è di malaugurio
- *Toccare ferro* ⇨ è uno scongiuro
- *Passare sotto una scala* ⇨ porta disgrazia
- *Trovare un quadrifoglio* ⇨ porta fortuna
- *Ricevere il mazzolino di una sposa* ⇨ è di buon augurio
- *Appoggiare un cappello o una borsa sul letto* ⇨ porta disgrazia
- *Esprimere un desiderio vedendo una stella cadente* ⇨ permette la realizzazione di un desiderio
- *Fare il letto in tre* ⇨ porta disgrazia al più giovane
- *Sposarsi, partire o iniziare qualche attività di martedì o venerdì* ⇨ è di malaugurio

☞ ***Siete superstiziosi?***

☞ ***Parlate delle superstizioni che conoscete.***

V. Napoli e l'analfabetismo

In Italia, l'obbligo scolastico va dai 6 ai 14 anni. Al Sud, tuttavia, molti bambini abbandonano la scuola. A Napoli e dintorni, solo pochi concludono il ciclo dell'obbligo.

☞ ***Osservate il seguente schema ed evidenziate le differenze tra l'organizzazione dell'istruzione italiana e quella dei vostri paesi.***

0 - 3 anni	Asilo nido	non obbligatorio
3 - 5 anni	Scuola materna	non obbligatoria
6 - 10 anni	Scuola elementare	obbligatoria
11 - 14 anni	Scuola media inferiore	obbligatoria
14 - 18 anni	Scuola media superiore	non obbligatoria

PENSATE:

1) che 14 anni siano sufficienti per interrompere gli studi? Quale età proporreste?

2) che l'asilo nido e la scuola materna siano importanti per la formazione dei bambini?

3) che sia giusto che l'accesso all'Università sia regolato dal numero chiuso?

4) che sia utile introdurre i portatori di handicap nelle scuole normali?

☞ ***Leggete questo titolo e provate ad immaginare il contenuto dell'articolo della pagina seguente:***

E ADESSO QUALE FACOLTA' SCELGO?
IN SCENA UN DRAMMA ALL'ITALIANA

«C'è un momento nella vita di un giapponese di sesso maschile nato sul finire degli anni Sessanta, intelligente, fortunato, in cui si sente un re. Un momento che dura una manciata di mesi. E' il momento che precede la laurea. Quello nel quale gli studenti diventano l'ambitissima preda dei colossi del mondo del lavoro che se li disputa a suon di lusinghe e di yen, di viaggi, di inviti e di regali».
C'è un momento, nella vita di un italiano così di sesso maschile come di sesso femminile, nato sul finire degli anni Sessanta, intelligente e poco fortunato, in cui si sente veramente nessuno. E' il momento che precede la laurea. Quello nel quale gli studenti italiani (a meno che non si stiano laureando in ingegneria, in economia, in informatica e in poche altre preferibilmente elettroniche materie) diventano preda di un colossale scoramento perché cominciano a scoprire che nel mondo del lavoro non c'è chi abbia voglia di disputarseli a suon di lusinghe, di lire, di viaggi e di inviti [...]

Ci sono settori industriali che non trovano laureati in misura sufficiente e sono costretti ad "importarli" dall'estero e settori che non riescono invece ad assorbire i troppi laureati che l'università sforna. Questione di scelta più o meno mirata delle facoltà? Se lo domandano, in vista delle iscrizioni, decine di migliaia di "maturati".
Chi non ha ancora deciso si aggiorna. Sfoglia i "libretti dello studente", cerca di leggere concretezza e prospettive dietro i nomi non sempre significanti dei piani di studio. Di ombrellone in ombrellone sulla spiaggia madri premurose tentano il safari di informazioni aggiuntive. C'è l'ingegnere della sdraia accanto che è dirigente di un'azienda di computer, lui si che può dare il consiglio migliore. C'è sul pattino un professore universitario, perché non chiedergli un parere? C'è l'avvocato che può dire se davvero alla fine non conviene restare alla scelta classica, nonostante tutto il disfattismo contro le materie giuridiche e umanistiche. C'è il pedalò del capodivisione al ministero: se un ragazzo ha pazienza e vuol stare sul sodo, non è meglio un bel concorso e uno stipendio statale? "Quale facoltà è la preferibile per affrontare un pubblico concorso, caro commendatore? [...]

[...] dentro un mostro burocratico e urbanistico di 200mila studenti, concentrati in aule-cinema, e messi in fila negli "esamifici", non può nascere uno studio moderno, anche se si sceglie la più moderna delle materie. Talvolta nelle piccole università di antica e autorevole radice anche la laurea ottenuta presso la facoltà più umanistica e meno commerciale garantisce meglio un posto di lavoro buono e subito.

Gaspare Barbiellini Amidei

Lessico contestuale:	
sul finire	alla fine
una manciata di mesi	un po' di mesi
l'ambitissima preda dei colossi	ciò che desiderano prendere le grandi industrie
lusinghe	parole per attirare con inganno
scoramento	scoraggiamento
disputarseli	contenderseli
a suon	con
"maturati"	persone che hanno superato l'esame di maturità
premurose	attente
safari	caccia
aggiuntive	ulteriori - in più
sdraio	tipo di seggiola
accanto	vicino
pattino	imbarcazione piatta
parere	consiglio - suggerimento
disfattismo	devastazione - distruzione
pedalò	imbarcazione con i pedali
stare sul sodo	essere concreto
"esamificio"	luogo dove si esamina

☞ ***Nel vostro paese:***

- La scelta dell'Università è libera o legata alla Scuola Superiore frequentata?
- Esiste il numero chiuso? Se sì, per quali facoltà?
- E' facile o difficile trovare un'occupazione da laureati?
- Quali sono le facoltà più frequentate e perché?
- Esistono Università private? Se sì, sono più o meno quotate di quelle statali?

Puglia

DATI STATISTICI

Province	Superficie (km²)	Popolazione	Densità	N°Comuni
Bari	5 138	1 557 420	303	48
Brindisi	1 839	413 282	225	20
Foggia	7 189	699 076	97	64
Lecce	2 759	816 478	296	97
Taranto	2 437	592 336	243	29
PUGLIA	**19 362**	**4 078 592**	**233**	**258**

Leggere

Il signor Carli di Milano è in vacanza sul Gargano, in Puglia, e va a mangiare in un tipico ristorante di Peschici.

Carli Senta, scusi! Sono un po' indeciso. Lei cosa mi consiglia?

Cameriere Che ne dice di un'aragosta delle isole Tremiti? Sono buonissime. Oppure Le posso consigliare il coniglio ai capperi che è una specialità del Gargano. Anche l'agnello alla brace è ottimo.

Carli Allora come primo prendo gli spaghetti alle vongole e come secondo l'aragosta. E da bere cosa mi consiglia?

Cameriere Le consiglio un San Severo, che è un vino bianco locale eccellente.

Carli Grazie. Quanto turismo nel Gargano!

Cameriere Il problema è che l'offerta di lavoro è solo stagionale.

Carli Comunque la Puglia, fra le regioni del Sud, è quella che ha avuto il più forte sviluppo industriale, no?

Cameriere Sì, Bari è chiamata addirittura la Milano del Sud.

Carli La "Fiera del Levante" ha acquistato una notevole importanza.

Cameriere Bari è il porto più importante dell'Adriatico per gli scambi con i paesi balcanici ed il Medio Oriente.

Carli Anche l'agricoltura è molto sviluppata, no?

Cameriere Sì, esportiamo soprattutto mandorle e uva da tavola.

Carli Anche l'uva da vino è molto buona, si fa un buon vino, no?

Cameriere E' un vino ad alta gradazione alcolica e perciò è usato soprattutto come "vino da taglio", cioè viene mischiato con vini più deboli; anche i francesi ne importano in grande quantità.

Carli Per questo, qualche anno fa, c'è stata la "guerra del vino" in Francia. I vinaioli francesi hanno incendiato le autobotti italiane.

Cameriere Sempre grane con i "cugini d'Oltralpe", eh! Lei ha già girato un po' la Puglia? Quali posti ha visitato?

Carli Ho girato un po' il Gargano che è veramente meraviglioso. Ci sono spiagge, baie e grotte bellissime. Sono stato a Vieste, a Rodi Garganico, a Monte S.Angelo. Sono tutti dei paesi molto pittoreschi. Anche la Foresta Umbra è magnifica, ha una vegetazione veramente rigogliosa.

Cameriere Ha visitato Castel del Monte ad Andria?

Carli Non ancora, ma voglio assolutamente visitare il castello di caccia di Federico II che è considerato il capolavoro dell'architettura sveva e un simbolo del potere imperiale.

Cameriere E' veramente imponente. Dall'altura dove si trova domina la pianura circostante. Federico II amava molto la Puglia e in particolare il Gargano e Le Murge, dove andava a caccia con il falcone.

Carli Ha anche scritto un famoso trattato su questo argomento. La Puglia offre molto; vorrei vedere anche i trulli di Alberobello...

Cameriere A proposito dei trulli, lo sa perché non hanno finestre? Perché il governo aveva messo una tassa per ogni finestra e quindi le hanno eliminate. A Natale, ad Alberobello, c'è un bel presepe vivente.

Carli Lei sa molte cose sulla Sua regione. E' una cosa abbastanza rara.

Cameriere E' vero. Molte persone non conoscono neanche la propria città, e poi, magari, hanno girato mezzo mondo. Adesso devo andare in cucina a fare l'ordinazione, altrimenti noi continuiamo a parlare e Lei muore di fame. A fra poco.

Comprendere

☞ ***Dite se sono vere o false le seguenti affermazioni:***

	Vero	*Falso*
1. Il cameriere consiglia a Carli di mangiare l'agnello del Gargano.	❑	❑
2. Il cameriere consiglia a Carli di bere un buon vino pugliese.	❑	❑
3. Carli si fida del cameriere.	❑	❑
4. Il Gargano attira il turismo tutto l'anno.	❑	❑
5. Bari è chiamata la Milano del Sud perché è una città industrializzata.	❑	❑
6. Il vino pugliese è molto alcolico e viene usato per rafforzare vini più deboli.	❑	❑
7. La foresta che si può ammirare nel Gargano si chiama Umbra.	❑	❑
8. Carli ha già visitato il Castel del Monte ad Adria.	❑	❑
9. A Federico II piaceva soprattutto il Gargano.	❑	❑
10. I trulli non hanno finestre perché costruirle era molto costoso.	❑	❑
11. Il cameriere è molto informato sulla Puglia.	❑	❑

Conoscere

I. I trulli

I trulli sono le più antiche testimonianze dell'architettura pugliese. Sono l'espressione di un'arte semplice.
Si tratta di abitazioni a forma cilindrica con il tetto conico. Hanno una sola apertura. Sono costruiti con lastre di pietra chiara chiamate "chiancarelle". Le "chiancarelle" sono sovrapposte le une alle altre senza materiale cementizio.
I trulli sono opere di grande abilità. Alberobello e Fasano sono centri formati in maggior parte da trulli ancora abitati.
Ci sono trulli isolati anche nelle campagne del Salento.

II. Il Promontorio del Gargano

Il Promontorio del Gargano è un frammento della mitica terra di Adria che si è inabissata in età preistorica.

E' denominato, per la sua forma, lo sperone dello stivale d'Italia. E' costituito da una vasta montagna e da due lagune. Il suo territorio è ricco di bacini, caverne e grotte. Fino al secolo scorso era ricoperto da ricchi boschi. Di essi, oggi, ne rimane solo una parte che comprende anche la stupenda Foresta Umbra. Questa foresta, forse, prende il suo nome da una tribù di Umbri che si stabilì nella zona dove si estende. La sua superficie è di circa 10.500 ettari. Vi si trovano il laghetto Cutino, il parco dei daini, un albergo rifugio e una grande varietà di alberi, tra i quali i faggi, gli abeti, i cerri, gli aceri e i carpini. Verso il mare è ricoperta dalla macchia mediterranea dove prevalgono i lecci, i lentischi, i pini, i cipressi e i tigli. Alcuni alberi hanno un diametro di più di un metro.

A luglio, nella Foresta Umbra, ha luogo la Sagra della Foresta, che è una manifestazione folkloristica che attira sempre molti turisti.

Gargano. Costa (Foto Sylvia Schuster)

☞ ***Associate i seguenti nomi di alberi all'immagine giusta. Poi dite quali tipi di alberi crescono nei vostri paesi, dove vengono piantati e che cosa simboleggiano.***

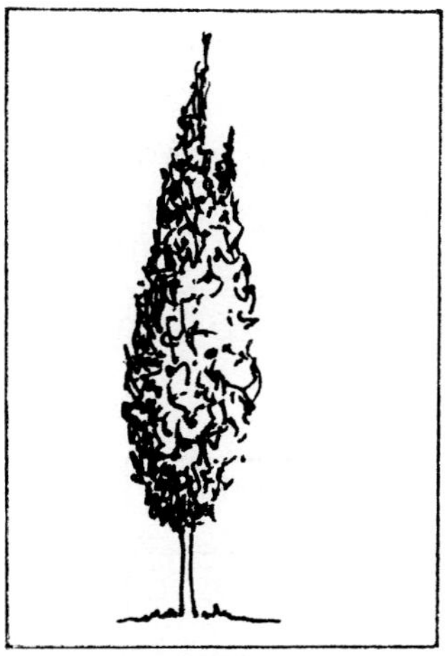

PINO

ABETE

QUERCIA

CIPRESSO

III. Le Isole Tremiti

☞ ***Leggete il seguente testo. Poi compilate la griglia:***

Le Isole Tremiti, San Domino, Cretaccio, San Nicola, Capraia e alcuni scogli, formano un arcipelago che si trova di fronte al promontorio del Gargano.
L'Isola di San Nicola è rocciosa, alta e a picco. Al suo interno c'è una piccola pineta. Un tempo era una colonia penale, poi confino politico.
San Domino è un'isola molto fertile dove crescono spontaneamente numerosi fiori di ogni colore.
L'isolotto del Cretaccio è giallo per la sua natura argillosa e va scomparendo per corrosione.
Capraia ha un'architettura naturale grandiosa. Non è abitata.

	SAN DOMINO	CRETACCIO	SAN NICOLA	CAPRAIA
E' rocciosa e alta				
Era una colonia penale				
Vi si trovano un villaggio e una pineta				
E' piena di fiori				
Ha un terreno argilloso				
Piano piano scompare				
E' disabitata				

L'Italia è ricca di arcipelaghi, tutti molto suggestivi.
Le isole più conosciute dell'Arcipelago Toscano sono l'Isola d'Elba, l'Isola del Giglio e l'Isola di Giannutri. Sono tutte collinose e montuose e coperte di folti boschi e pini marittimi.
L'Isola d'Elba è la più grande delle isole toscane e la terza d'Italia dopo la Sardegna e la Sicilia. La sua storia si intreccia con quella di Napoleone Bonaparte che ci ha soggiornato a lungo.
Alla Sardegna appartengono molte isole. Sono bellissime, soprattutto quelle dell'Arcipelago della Maddalena, che attirano sempre turisti per la loro natura selvaggia e per la limpidezza del mare che le circonda.
Sono vari i gruppi insulari disposti intorno alla Sicilia. Il principale è l'Arcipelago delle Eolie, o Lipari. E' formato da sette isole e numerosi isolotti e scogli tutti di origine vulcanica. Due isole, Vulcano e Stromboli, sono vulcani attivi.

Di fronte al Golfo di Napoli, in Campania, si trovano tre pittoresche isole: Ischia, Procida e Capri. Sono ricche di piccole spiagge, scogliere e suggestive grotte.
Nel Golfo di Venezia ci sono le Isole di Murano e Burano, caratteristiche per la lavorazione artigianale di merletti e vetro.

Isole Lipari. Sicilia (Foto Peter Barstorfer-Klein)

Isola d'Elba. Baia (Foto Peter Barstorfer-Klein)

Basilicata

DATI STATISTICI				
Province	Superficie (km²)	Popolazione	Densità	N°Comuni
Matera	3 447	204 061	59	31
Potenza	6 545	405 495	62	100
BASILICATA	**9 992**	**609 556**	**61**	**131**

Leggere

Il signor Dellai si trova in Basilicata per lavoro. A Potenza prende un tassì per andare alla Fiat di Melfi. Durante il viaggio fa quattro chiacchiere con il tassista.

Dellai Certo che l'apertura dello stabilimento Fiat a Melfi è stata una fortuna per la Basilicata.

Tassista Senza dubbio. Ha portato molti nuovi posti di lavoro. A parte il fatto che è la punta di diamante della Fiat: infatti è una delle fabbriche automobilistiche più moderne del mondo.

Dellai Speriamo che non faccia la fine delle solite "cattedrali nel deserto".

Tassista Speriamo di no!

Dellai In Basilicata avete anche il metano, no?

Tassista Sì, nella valle del Basento ci sono dei notevoli giacimenti, per cui sono sorti alcuni stabilimenti petrolchimici e per la produzione di fibre sintetiche. Però una gran parte del metano serve ad alimentare, attraverso un metanodotto, i grandi impianti industriali di Taranto, Brindisi e Bari.

Dellai La Basilicata è in gran parte montuosa, arida e brulla. Comunque ho visto che in alcune zone stanno facendo opera di rimboschimento.

Tassista Prima, invece, c'erano molti boschi. Infatti il vecchio nome della regione era Lucania, che deriva dal latino "lucus" che significa bosco. Solo dopo la Seconda Guerra Mondiale il termine ufficiale è diventato "Basilicata", che risale all'epoca bizantina, in cui c'era un "basilikos", cioè un amministratore.

Dellai I diboscamenti hanno avuto delle conseguenze molto gravi, no?

Tassista Certo. Sono stati una delle principali cause della povertà della nostra regione. Intanto hanno messo in crisi l'allevamento di bestiame per la mancanza di pascoli e di cibo. E poi hanno provocato numerose frane, con la conseguenza che i fiumi, non essendoci più vegetazione, hanno portato via il terreno coltivabile. E quindi ai contadini lucani non è rimasto altro che emigrare.

Dellai Un altro motivo che, dopo l'unità d'Italia, ha spinto i contadini ad emigrare è stato il fatto che erano tartassati dal governo per via delle tasse. C'era la tassa sul pane, sulla casa, ecc.

Tassista Da questo punto di vista non è che siano cambiate molte cose. Le tasse sulla casa non si contano più... A proposito di case, ha visitato i "Sassi" di Matera, le antiche abitazioni scavate nella roccia?

Dellai Sì, li ho visti e devo dire che mi hanno colpito.

Tassista Fino a qualche anno fa, in queste grotte di tufo ci abitava ancora della gente. Erano, allo stesso tempo, alloggio per i contadini, stalla per gli animali e ripostiglio per gli attrezzi.

Dellai Comunque adesso i contadini si sono trasferiti nelle case popolari.

Tassista Sì, però non è stata una cosa facile. Il problema era che negli appartamenti moderni non ci potevano tenere gli animali, soprattutto l'asino, che era assolutamente necessario per raggiungere i campi spesso molto lontani. Perciò, all'inizio, molti sono ritornati nei "Sassi".

Dellai Carlo Levi, nel suo libro "Cristo si è fermato a Eboli", ha descritto molto bene le condizioni di vita dei contadini del Sud.

Tassista Ha letto qualcosa di Rocco Scotellaro, il grande scrittore lucano morto molto giovane nel 1953, all'età di soli trent'anni? Le consiglio di leggere il romanzo autobiografico "L'uva puttanella" o il libro "Contadini del Sud". Sono molto interessanti.

Dellai In Basilicata è nato anche Orazio, uno dei più grandi scrittori latini, no?

Tassista Sì, a Venosa. L'Italia del Sud è una terra di grande cultura.

Dellai Anch'io ho conosciuto molti meridionali veramente colti.

Tassista Quello che ci manca, è lo spirito imprenditoriale, ma con un po' di buona volontà ce la possiamo fare. Anche noi ce l'abbiamo fatta. Eccoci alla Fiat di Melfi. Buona permanenza e tanti auguri!

Comprendere

☞ ***Completate la seguente griglia:***

- *Elencate le risorse della Basilicata:*

1.
2.
3.

- *Elencate le cause della povertà della Basilicata:*

1.
2.
3.
4.

- *Spiegate cosa sono i "Sassi":*

- *Elencate i nomi e le opere dei tre grandi scrittori lucani citati nel testo:*

1.
2.
3.

Conoscere

I. I "Sassi" di Matera

(Foto Antonia Tuzio)

La parte antica di Matera è costituita dai "Sassi": Sasso Barisano e Sasso Caveoso.
I sassi sono abitazioni costituite da grotte scavate nel tufo lungo il fianco della montagna. Spesso sono sovrapposte: il tetto di una è il pavimento di quella sopra. Le grotte sono chiuse esternamente da muri di tufo.
Sono dimora per gli uomini, stalle per gli animali, magazzini per gli attrezzi agricoli.
Questo tipo di abitazione in tempi passati era diffuso in molte parti del Meridione. Solo a Matera è rimasto così a lungo. Nel 1950 vivevano nei sassi moltissime persone. Le condizioni igieniche erano disastrose, ma il rapporto di amicizia e di solidarietà tra gli abitanti era molto forte.
Fu costruito un villaggio, la Martella, per dare abitazioni migliori ai contadini che vivevano nei sassi. Molti che si erano spostati tornarono ad abitarvi. Nel nuovo villaggio non c'era posto per il bestiame.
L'emigrazione ha svuotato i sassi di Matera che oggi non sono più abitati. Sono diventati un'attrazione turistica.

I "Sassi" erano abitazioni di gente povera. Esistono ancora abitazioni precarie e antigieniche: c'è chi vive nelle baraccopoli, chi in tuguri privi dell'indispensabile.
La tipica casa degli italiani è però abbastanza comoda e curata. L'amore per la casa si è sviluppato tra gli anni '50 e gli anni '80 in gran parte dell'Italia.
Molta gente si è trasferita dalla campagna in città per usufruire di maggiori comodità. Oggi è stato riscoperto il valore della vita all'aria aperta e si torna ad abitare in campagna.

☞ ***Voi preferite abitare in campagna o in città? Perché?***

☞ ***Trascorrete molte ore in casa? Perché?***

☞ ***Quali sono gli ambienti dove vivete di più? Perché?***

Case di campagna in Umbria (Foto Aldo Cari)

II. Il "Caporalato"

E' un fenomeno tristemente noto in Basilicata, come in altre parti del Meridione. Vengono chiamati "caporali" coloro che reclutano i lavoratori giornalieri che dai paesi vengono trasportati nei campi per la manodopera. I reclutati svolgono un duro lavoro per molte ore. Sono pagati pochissimo e devono dare una percentuale della loro paga ai "caporali". Molte sono anche le donne che si presentano in lunghe file il mattino presto, al "caporale" per essere scelte. Il bisogno di lavorare è più forte del desiderio di ribellione.
Da qualche anno nelle lunghe file di lavoratori giornalieri che aspettano di essere reclutati per una giornata di lavoro, ci sono anche molti extracomunitari.

☞ ***Esiste il fenomeno della disoccupazione e dello sfruttamento nel lavoro, dove vivete voi? Parlatene.***

III. Le Fiumare

Le fiumare sono torrenti tipici della regione. Quando si ingrossano trasportano a valle molto materiale roccioso. A causa del diboscamento irragionevole, la violenza delle piogge sgretola la roccia e i detriti finiscono nei torrenti che li trasportano alla foce creando degli sbarramenti e delle conseguenti inondazioni.
La stretta pianura costiera diventa paludosa e inabitabile. Al tempo dei Romani era una fertile terra pianeggiante!
In questi ultimi tempi si è cercato di regolare il corso dei fiumi creando argini artificiali e di rimboschire i monti.
Gli uomini tornano a vivere nella pianura bonificata e le fiumare creano meno danni: trasportano meno materiale e causano meno frane. Il terreno coltivabile non diventa più un'arida distesa di pietre.

Lessico contestuale	
materiale roccioso	pezzi di roccia
diboscamento	taglio del bosco
sgretola	rompe
detriti	pezzetti di roccia
foce	punto terminale di un corso d'acqua
sbarramenti	ostacoli
inondazioni	allagamenti
paludosa	coperta di acqua e fango
rimboschire	rimettere piante
bonificata	risanata
danni	conseguenze negative
frane	cedimenti del terreno
arida	asciutta - secca
distesa	vasta zona

☞***Avete capito che cosa sono le fiumare?***
Riassumete il brano letto utilizzando non più di cinquanta parole.

Calabria

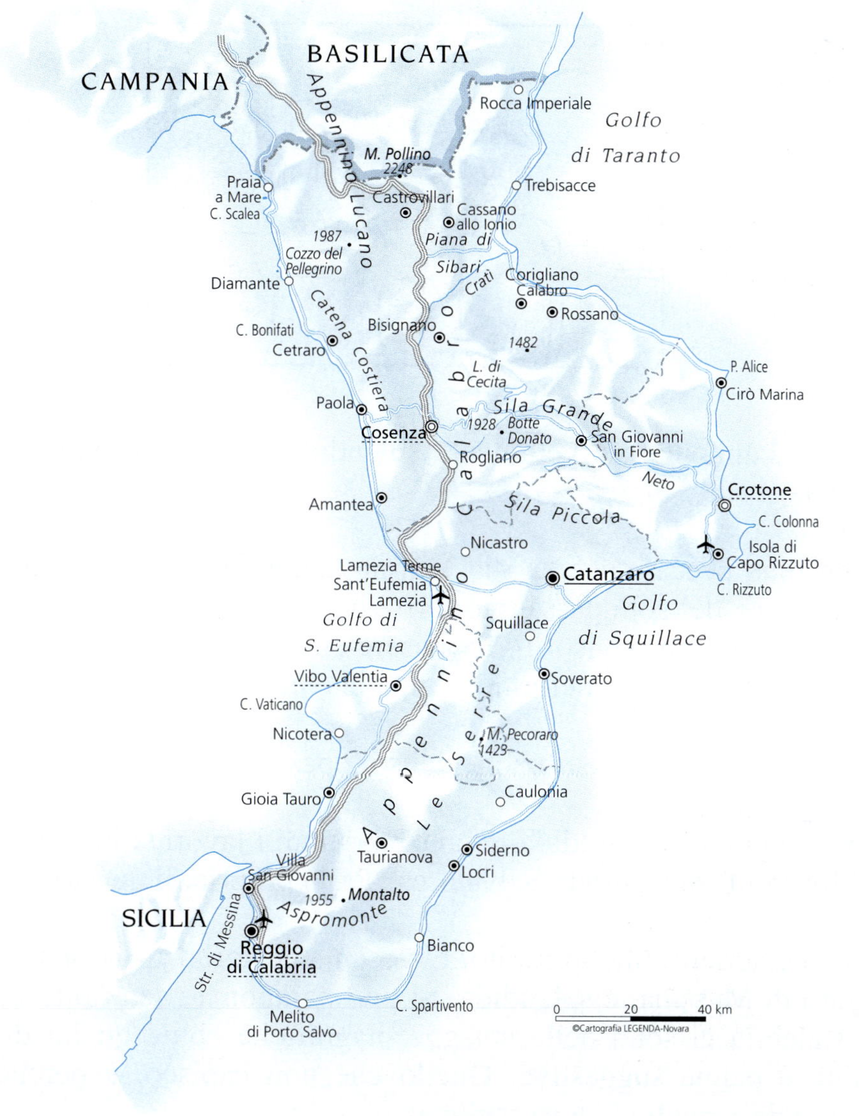

DATI STATISTICI

Province	Superficie (km²)	Popolazione	Densità	N°Comuni
Catanzaro	2 391	384 150	161	80
Cosenza	6 650	753 356	113	155
Crotone	1 717	179 850	105	27
Reggio di Calabria	3 183	578 636	182	97
Vibo Valentia	1 139	179 383	157	50
CALABRIA	**15 080**	**2 075 375**	**144**	**409**

Leggere

La signora Mattei di Milano è per la prima volta in vacanza in Calabria. Adesso sta facendo una passeggiata sul Lungomare di Reggio assieme al signor Pitasi, un amico reggino.

Mattei Questo Lungomare è veramente splendido. Che vista meravigliosa! Si vede la Sicilia.

Pitasi E' un gran peccato che la Via Marina, come la chiamiamo noi reggini, dopo la costruzione del sottopassaggio ferroviario, durata anni ed anni, è rimasta ancora in questo stato provvisorio. E pensare che Gabriele d'Annunzio, famoso poeta e scrittore italiano, l'ha definita "il più bel chilometro d'Italia".

Mattei Perché credi che la costruzione del sottopassaggio sia durata anni ed anni!?

Pitasi Perché ogni tanto i soldi "finivano" e quindi i lavori si interrompevano. Hai visto il film "Sud" di Gabriele Salvatores? Parla proprio di questo!

Mattei No, lo guarderò. Ma ho capito. E' vecchia la storia! La posizione di Reggio, sullo stretto di Messina, è splendida. Si può paragonare senz'altro con San Francisco. In Calabria ci sono delle spiagge magnifiche come quella di Locri con acqua pulita e palme suggestive. Quello che non capisco, è perché i Calabresi non valorizzino meglio la loro regione.

Pitasi Lei ha ragione. Da un punto di vista naturale, la Calabria non ha niente da invidiare a nessuno. Il problema sono gli uomini che non l'hanno amministrata bene. Lungo la costa, per esempio, ci sono moltissime costruzioni abusive che deturpano il paesaggio. Nei dintorni di Reggio si vedono dappertutto degli edifici non finiti che sono veramente brutti.

Mattei A cosa è dovuto tutto questo? Quali sono le cause?

Pitasi Purtroppo la "questione meridionale" non è stata ancora risolta, il divario fra il Sud e il Nord aumenta sempre di più. In Calabria abbiamo un altissimo tasso di disoccupazione, con delle punte del 30% come a Reggio Calabria, il che favorisce il fenomeno della criminalità e scoraggia lo spirito imprenditoriale. La massima aspirazione di molti meridionali è il "posto" e, per averlo, ci vogliono "maniglie", cioè raccomandazioni. Da qui nasce il fenomeno del clientelismo.

Mattei Sì, va bene, però lo scandalo di "Tangentopoli" si è verificato al Nord.

Pitasi Tutto il mondo è paese. Molti meridionali danno la colpa al governo, o al Nord, dei nostri problemi. Però anche noi abbiamo delle responsabilità.

Mattei Io penso che al Sud, prima ancora che una crescita economica, occorra una crescita civile.

Pitasi Il problema è che nel Meridione abbiamo avuto sempre delle dominazioni straniere. In fondo, dopo l'Unità, i piemontesi hanno occupato il Sud e hanno introdotto le loro leggi che erano sentite come qualcosa di estraneo.

Mattei Ma questa è acqua passata. Bisogna guardare al futuro. E' vero che il Mezzogiorno riceve dei finanziamenti dallo Stato, però è anche vero che è un importantissimo mercato per le merci del Nord. A parte il fatto che molta della manodopera nelle industrie del Nord è costituita da Meridionali. Molti Calabresi sono dovuti emigrare all'estero e al Nord dell'Italia per trovare lavoro.

Pitasi Io sono ottimista, anche perché non vorrei che l'Italia facesse la fine della ex Jugoslavia. Mi chiedo che senso hanno tutte queste divisioni oggi. Dobbiamo costruire l'Europa e le regioni ricche devono dare una mano a decollare a quelle meno fortunate. Ognuno ha qualcosa da offrire. La Calabria, per esempio, ha un clima favoloso: c'è il sole dieci mesi su dodici. Per non parlare dell'ospitalità, della cordialità, della simpatia della gente. Comunque, basta con le lodi: "Chi si loda s'imbroda".

Comprendere

☞ ***Rispondete alle seguenti domande:***

1. In quali condizioni è la Via Marina e perché?

2. Come sono le spiagge della Calabria?

3. Qual è il problema della Calabria, secondo Pitasi?

4. Perché il paesaggio della costa è devastato?

5. Da che cosa è incrementato il fenomeno della criminalità?

6. Che cosa sono le "maniglie", a che cosa servono e a che cosa danno origine?

7. Perché Pitasi dice che tutto il mondo è paese?

8. Secondo Mattei, di che cosa necessita prima di tutto il Sud per migliorare?

9. Secondo Pitasi, qual è il problema del Meridione?

10. Perché molta manodopera nelle industrie del Nord è costituita da Meridionali?

11. Pitasi, che cosa non vorrebbe che succedesse all'Italia?

12. Che cosa ha di positivo la Calabria?

Baia (Foto Peter Barstorfer-Klein)

Conoscere

I. L'emigrazione in Italia

☞ ***Leggete il breve schema che segue e fate una comparazione tra l'emigrazione italiana e quella dei vostri paesi.***

L'EMIGRAZIONE IN ITALIA

L'emigrazione in Italia è avvenuta in tre grandi ondate.

Prima ondata: Fine 1800 - Inizi 1900
(Prima Guerra Mondiale, 1915-1918, compresa)
Si emigra soprattutto dal Nord e dal Centro Italia, la meta preferita è l'Argentina, seguono Brasile e Messico.

Seconda ondata: Dal 1920 al 1950
(Ventennio Fascista: 1922-1943 e Seconda Guerra Mondiale: 1940-1945)
Ci si allontana principalmente dal Sud dell'Italia e si va in America, Argentina e Stati Uniti; in Europa, Francia, Belgio, Germania, Svizzera e in Italia, Genova, Milano e Torino.

Terza ondata: Dal 1950 al 1970
Lo spostamento avviene dal Sud al Nord dell'Italia; Piemonte, Liguria e Lombardia sono le regioni preferite.

☞ ***Leggete, con l'aiuto dell'insegnante, il brano tratto da "Emigranti" dello scrittore calabrese Francesco Perri. Cercate di evidenziare gli aspetti culturali che emergono dalla descrizione di Perri.***

FRANCESCO PERRI, ***Emigranti*** (1928)

Come[1] Mariuzza sapeva leggere un pochino, perché era andata a scuola un paio di anni, la lettera la leggeva lei, arrancando[2], smozzicando[3] le parole, delle quali, dopo ogni punto, si faceva un lungo commento, e una larga interpretazione [..........]

Quando la lettera fu tutta letta, gli occhi erano pieni di lacrime. Solo Giusa non pianse. Rimase stralunata[4], inebetita[5]. Del suo fidanzato non sapeva che una povera notizia, e non lieta: egli aveva abbandonato tutti i paesani, ed era andato a cercar del lavoro solo, in preda al suo spirito avventuroso e aggressivo. Dov'era, cosa faceva, si ricordava di lei?

Insomma, erano tutti a posto. Chi lavorava come sterratore, chi in officina, chi ad abbattere foreste, uno faceva perfino il guardiano di oche. Di quello che faceva mastro Genio, tutto ciò che si seppe fu che lavorava e guadagnava. Rosa non aveva voluto fare la minima confidenza a nessuno.

Per Natale parecchi mandarono dei soldi.

Lessico contestuale	
1 *come*	siccome, per il fatto che
2 *arrancando*	arrancare = procedere con difficoltà
3 *smozzicando*	smozzicare = tagliare
4 *stralunata*	stravolta, turbata
5 *inebetita*	inerte, senza reazione

☞ **Per rendervi conto dei motivi che portavano all'emigrazione, leggete anche il breve brano tratto da "Gente in Aspromonte" dove Corrado Alvaro, un altro scrittore calabrese, descrive la vita che conducevano i pastori:**

CORRADO ALVARO, ***Gente in Aspromonte*** (1930)

Non è bella la vita dei pastori in Aspromonte: d'inverno, quando i torbidi[1] torrenti corrono al mare e la terra sembra navigare sulle acque. I pastori stanno nelle case costruite di frasche[2] e di fango, e dormono con gli animali. [...]

[...] Stanno accucciati[3] alle soglie delle tane, davanti al bagliore[4] della terra, e aspettano il giorno della discesa al piano, quando appenderanno la giacca e la fiasca[5] all'albero dolce della pianura [...]

Né le pecore né i buoi né i porci neri appartengono al pastore. Sono del pigro signore che aspetta il giorno del mercato e il mercante baffuto che viene dalla marina [...]

Lessico contestuale	
1 *torbidi*	scuri
2 *frasche*	ramoscelli
3 *accucciati*	rannicchiati come i cani nella cuccia
4 *bagliore*	luce vivida
5 *fiasca*	recipiente simile ad una bottiglia

II. L'immigrazione in Italia

Da qualche anno in Italia si sta verificando il fenomeno opposto all'emigrazione. Molti giovani vengono qui, soprattutto dai paesi in via di sviluppo, a cercare quella che un tempo gli Italiani chiamavano "l'America", cioè una terra ricca e ospitale. Spesso, però, le speranze degli immigrati si trasformano in delusioni, sia a causa della mancanza di posti di lavoro sia per l'ondata di razzismo che sta investendo l'Italia, come anche gran parte dell'Europa e del mondo.
Non in tutta l'Italia, però, si verificano atti di intolleranza.
Ogni atto di violenza verso persone provenienti da altri paesi suscita reazioni da parte degli antirazzisti. Ad esempio, il 25 febbraio 1995 a Roma ha avuto luogo una grande manifestazione di solidarietà verso gli immigrati.

Leggete la parte dell'articolo che qui di seguito vi viene proposto. E' tratto dall'"Unità" del 25 febbraio 1995 ed è scritto da Francesco Rutelli, attuale sindaco di Roma.

Oggi a Roma l'Italia antirazzista

Oggi a Roma (ore 14) manifestazione nazionale contro il razzismo e l'intolleranza promossa da Cgil, Cisl, Uil e dal volontariato. Corteo dall'Esedra fino a piazza del Popolo, dove parlerà Sergio Cofferati. Intervista a monsignor Di Liegro: «Se continua così, questa società è votata al suicidio».

FRANCESCO RUTELLI

ITALIANI? Brava gente: in fondo ne siamo tutti convinti, e non senza qualche fondamento nella storia e nel costume nazionali. Poi leggiamo di una donna somala incinta aggredita su un autobus a Ostia, e ci scopriamo diversi. Più ancora delle statistiche pubblicate in questi giorni, sono episodi come questi a incrinare l'illusione che da tempo abbiamo alimentato su noi stessi, sulla nostra civiltà. Da noi, ci siamo sempre detti, razzismo e xenofobia non attecchiranno per davvero: non raggiungeremo mai quelle forme di odio e violenza verso i neri, i diversi, proprie di altri paesi e di altre metropoli. E invece no. Anche in Italia, anche a Roma, dove i numeri dell'*immigrazione* sono ancora limitati e pienamente governabili, e dove le violenze non sono ancora troppo diffuse, l'allarme è giustificato. Può darsi, come sostengono alcune analisi sociologiche, che la violenza e l'odio contro chi ha una pelle di colore diverso non abbiano motivazioni razziste ma affondino in un ambiente sociale degradato che alimenta violenze inspiegabili, motivate da noia e teppismo di gruppo, che si incontrano in discoteca, allo stadio o in metrò.

☞ ***Siete d'accordo con l'ipotesi che avanza il Sindaco Rutelli sull'attribuire le cause del razzismo al degrado socio-culturale? Discutetene.***

III. Bronzi di Riace

La Calabria è stata per molto tempo una colonia greca. Ancora oggi vi si possono trovare resti e testimonianze di questa civiltà.
Nel 1972 sono state ritrovate due statue di bronzo nel Mar Jonio, davanti alla città di Riace, lungo la linea ferroviaria per Taranto.
Sono due statue d'arte greca (V secolo a.C.), alte due metri e raffiguranti, probabilmente, degli dei o dei guerrieri. Rappresentano l'ideale di bellezza tipico del mondo greco.
Dopo il ritrovamento, sono state restaurate a Firenze e Reggio Calabria. Attualmente si trovano al museo di Reggio Calabria.

Bronzo di Riace (Foto Peter Barstorfer-Klein)

☞*Osservate le seguenti immagini e provate ad associarle alla civiltà alla quale appartengono:*

☞***Avete visitato alcuni musei italiani?***
Se sì, quali? Che cosa vi ha interessato di più?

Sicilia

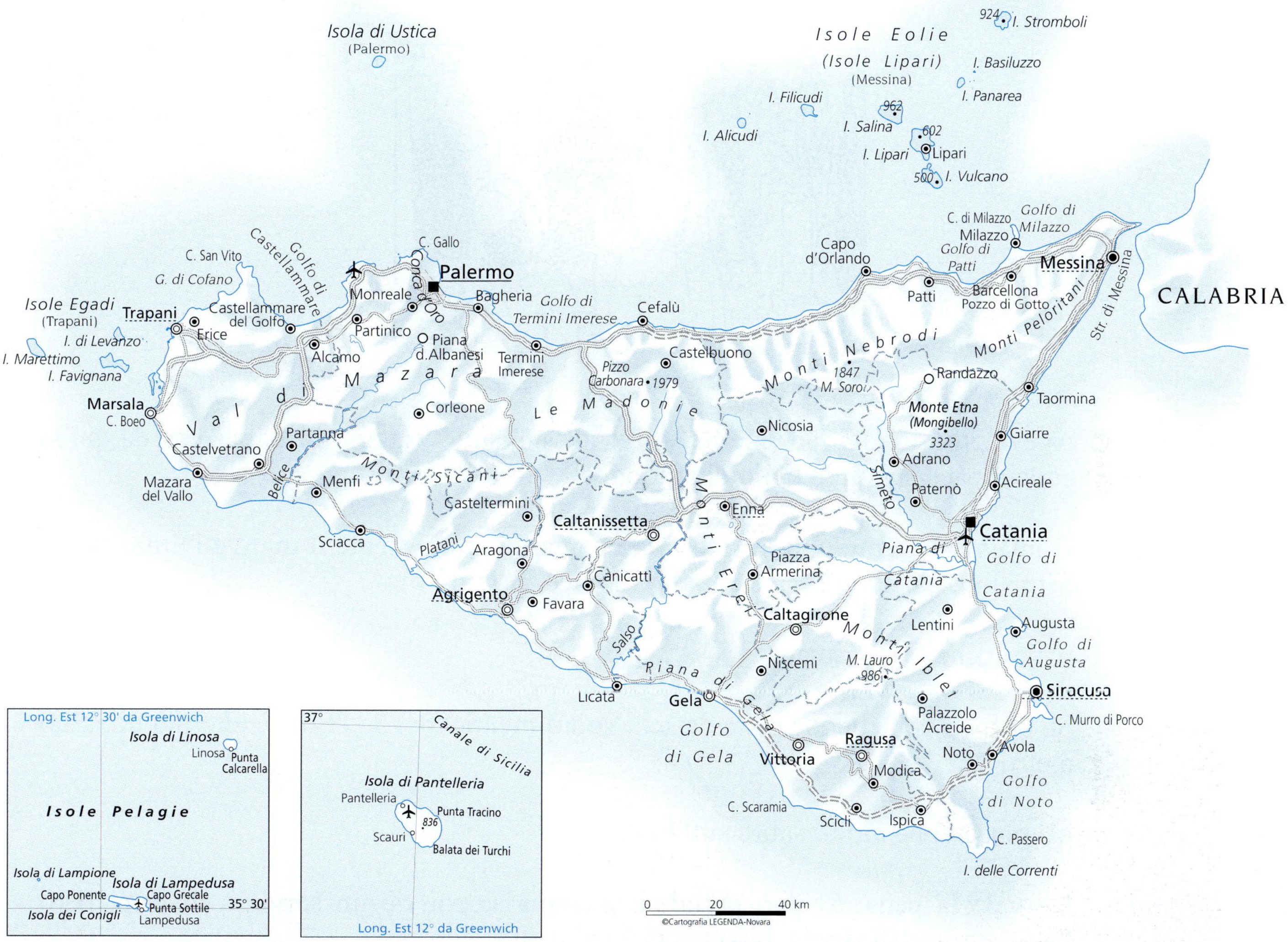

DATI STATISTICI

Province	Superficie (km²)	Popolazione	Densità	N°Comuni
Agrigento	3 042	475 958	156	43
Caltanissetta	2 128	282 454	133	22
Catania	3 552	1 085 587	306	58
Enna	2 562	186 382	73	20
Messina	3 248	683 835	210	108
Palermo	4 992	1 240 851	248	82
Ragusa	1 614	296 734	184	12
Siracusa	2 109	406 820	193	21
Trapani	2 460	432 265	176	24
SICILIA	**25 707**	**5 090 886**	**187**	**390**

Leggere

Lars, uno studente svedese di giurisprudenza, ha avuto una borsa di studio all'Università di Catania per lavorare alla sua tesi. Con Mimmo, un amico siciliano, fa una gita a Taormina, dove visitano il Teatro greco-romano.

Lars Aveva proprio ragione Goethe scrivendo nel suo "Viaggio in Italia" che da qui si gode il paesaggio più bello del mondo!

Mimmo E' una vista meravigliosa: si vedono contemporaneamente il mare e l'Etna; anche d'inverno, quando l'Etna è coperto di neve, è bellissimo.

Lars E' vero che si può sciare?

Mimmo Sì, ci sono delle buone piste da sci. Non dimenticare che l'Etna è alto più di 3.300 metri.

Lars Mi piacerebbe molto salire sull'Etna.

Mimmo Ne vale la pena. Si può prendere la funivia, poi c'è un servizio di jeep; però l'ultimo tratto di strada, bisogna farlo a piedi.

Lars L'Etna è un vulcano ancora attivo, no?

Mimmo Eccome! Attivissimo! Ogni tanto si sveglia e sono guai. Qualche anno fa c'è stata un'eruzione improvvisa, mentre un gruppo di turisti visitava il cratere principale, e ci sono stati parecchi morti.

Lars Le pendici dell'Etna sono molto popolate, vero?

Mimmo Sì, è una zona con una grande densità di popolazione, anche perché è molto fertile: infatti ci sono agrumeti, frutteti e vigneti.

Lars Ancora non ho visto molto della Sicilia, comunque mi hanno colpito i giardini d'aranci e di limoni e i fichidindia.

Mimmo In Sicilia, il panorama è molto vario: ci sono zone molto verdi, con vegetazione rigogliosa, e zone brulle, quasi desertiche.

Lars Quello che mi affascina in Sicilia, è che è una terra di grande cultura.

Mimmo Infatti si può considerare una specie di museo archeologico d'Europa. Per esempio, la "Valle dei Templi" di Agrigento è il più grande parco archeologico italiano. Forse c'è più arte greca in Sicilia che in Grecia.

Lars La grande varietà della Sicilia è dovuta alle diverse dominazioni straniere.

Mimmo Ognuna ha lasciato delle tracce. La Cattedrale di Palermo, per esempio, è in stile arabo-normanno. La chiesa San Giovanni degli Eremiti è caratterizzata da grandi cupole in stile arabo. Il chiostro del Duomo di Monreale è un miscuglio di stili diversi: bizantino, romanico, arabo.

Lars Questo alternarsi di popolazioni e culture diverse ha influenzato il carattere dei siciliani, penso.

Mimmo Certo. Ha, in ogni caso, rafforzato la loro diffidenza nei confronti dei governi e della politica.

Lars E' vero che dopo la Seconda Guerra Mondiale, la Sicilia voleva staccarsi dall'Italia?

Mimmo Sì, c'è stato un movimento abbastanza confuso per l'autonomia della Sicilia, sotto la guida del bandito Salvatore Giuliano, strumentalizzato a sua volta dai grandi latifondisti che si servivano della mafia. Il primo maggio del 1947, la banda di Giuliano, in occasione di una manifestazione, ha fatto una strage di contadini e di sindacalisti a Portella della Ginestra. Più tardi, lo stesso Salvatore Giuliano è stato assassinato. Hanno fatto diversi film su di lui.

Lars Comunque, i Siciliani sono molto fieri della loro identità.

Mimmo Infatti, se uno straniero chiede: "Lei è italiano?", alcuni rispondono: "Sono siciliano". E quando attraversiamo lo Stretto di Messina, diciamo che andiamo nel continente.

Lars Volendo essere filosofici, si potrebbe dire che l'insularità è una categoria dello spirito. Comunque ho una domanda più prosaica: il famoso ponte sullo Stretto, lo costruiscono o no?

Mimmo Ci sono già i progetti, il guaio è che non ci sono i soldi.

Lars Comunque è bello lo stesso prendere il traghetto o l'aliscafo, no?

Mimmo Certo. E in aliscafo andremo a casa mia, a Lipari. Vorrei farti vedere le isole Eolie.

Lars A dire il vero, vorrei vedere molte cose: la tomba di Federico II, la Cappella Palatina, le latomie a Siracusa, la villa romana del Casale a Piazza Armerina, con i famosi mosaici e le ragazze romane in bikini...

Mimmo E' tutto un programma. Intanto che ne dici di andare ad assaggiare dei cannoli siciliani o, magari, una fetta di cassata siciliana in una pasticceria che è la fine del mondo?

Lars Io sono molto goloso, vado matto per i dolci siciliani. Andiamo!

Catania. Mercato (Foto Peter Barstorfer-Klein)

Trapani. Processione dei Misteri (Foto Peter Barstorfer-Klein)

Comprendere

☞ ***Annotate più informazioni possibili riguardo a:***

1. L'Etna

2. Il Panorama della Sicilia

3. L'arte siciliana

4. Salvatore Giuliano

5. L'identità dei Siciliani

Taormina. Teatro Greco (Foto Peter Barstorfer-Klein)

Conoscere

I. La mafia

☞ ***Che cosa sapete della mafia italiana?***
Secondo voi, fa parte del folklore o è un serio problema socio-politico?

☞ ***Ora leggete l'articolo di Franco Zecchin, tratto da "Photo Italia", n.180 e poi esponete le vostre impressioni al riguardo.***

PER NON DIMENTICARE PALERMO

Qualche anno fa un'agenzia di viaggi palermitana organizzò un tour particolare: una visita ai luoghi dei maggiori delitti di mafia.
Fu un grande successo. Vennero da molte parti d'Italia e del mondo, a provare, senza rischio, il brivido dell'assassinio. E fu la riprova, se ce ne fosse stato bisogno, che la mafia è, nella mente di molti che non sono siciliani, parte del folklore della Sicilia, e costituisce, insieme alle bellezze della natura e alle tracce delle antiche culture, un richiamo turistico.
Alimenta il mito di un luogo incantevole e selvaggio. Un mito terribile, che in Sicilia certo piace ad alcuni, ma che la parte civile dei siciliani sente vergognoso, così come trova volgare il compiacente "mascherarsi" da mafiosi di certuni durante il carnevale di Corleone [...]
[...] Ma tra il numero degli ottusi e quello degli antimafiosi, vi è in Sicilia una moltitudine di persone che, direttamente, nulla ha a spartire con i mafiosi, ma nella quale è radicato - per via di una catena di fatti storici e culturali - un sentire che è alla base del sistema mafioso; una moltitudine che il caso e le vicissitudini avrebbero potuto facilmente mettere sulla via del crimine. E', questo sentire, in parte, il frutto della miseria e delle responsabilità politiche nazionali. [...]

Lessico contestuale

brivido	turbamento	*ottusi*	limitati nelle capacità intellettive
assassinio	omicidio	*moltitudine*	numero notevole
tracce	testimonianze, segni	*spartire*	dividere
alimenta	accresce	*radicato*	impresso
incantevole	meraviglioso	*catena*	insieme
selvaggio	non contaminato	*sentire*	sentimento
volgare	grossolano	*vicissitudini*	eventi, avvenimenti
compiacente	soddisfacente	*crimine*	delitto
certuni	alcuni		

☞ ***Avete mai visto dei film e/o letto dei libri che trattano di mafia? Quali? Quale immagine comunicano? Quale pensate sia l'origine di questa organizzazione? Che idea vi siete fatti in proposito?***

A. La Questione Meridionale

Con "questione meridionale" indichiamo l'arretratezza sociale ed economica del Sud dell'Italia. Le ragioni storiche di tale questione si devono cercare nella politica italiana successiva all'unificazione, che è avvenuta nel 1861. Già nel 1861 la differenza tra Nord e Sud era enorme. Nel Sud c'era un'organizzazione sociale ed economica feudale. I nobili possedevano i terreni che affittavano ai contadini tramite intermediari detti "gabellotti" che spesso davano l'incarico di affittare ad intermediari minori. Il contadino doveva pagare affitti altissimi e aveva profitti minimi.
Per rimediare alla situazione di estrema povertà nella quale viveva la maggior parte della popolazione, il governo nel 1866 confiscò le grandi proprietà terriere della Chiesa e decise di venderle a rate ai contadini. Le terre, però, furono acquistate dai proprietari terrieri che erano i soli in grado di pagarle. I proprietari terrieri o baroni diventarono ancora più ricchi di prima mentre i contadini si impoverirono ulteriormente perché non avevano nemmeno più il diritto di pascolo o di coltura che concedeva loro la Chiesa.
Ai problemi sopra elencati si aggiunse una grossa crisi economica generale alla quale il governo reagì imponendo indiscriminatamente un aumento fiscale. Per le masse meridionali vivere divenne sempre più difficile. Ci si organizzò in gruppi di rivolta, si ebbe così il fenomeno del brigantaggio che rappresentava la manifestazione più vistosa di esasperazione e ostilità nei confronti del governo piemontese.
Dal "brigantaggio", che aveva scopi sociali e che perseguiva l'ideale della giustizia, si svilupparono poi società con codici specifici come la *mafia* in Sicilia, la *camorra* in Campania e la *'ndrangheta* in Calabria.
La *mafia* è molto conosciuta in tutto il mondo; si dedica ad attività violente e non legali. Oggi è una grossa impresa con enormi capitali ed è entrata agli alti vertici del potere politico e nei servizi segreti dello Stato.
Negli ultimi trent'anni si sono fatti vari tentativi per sconfiggere il potere mafioso, ma gli sforzi di alcuni politici e giudici sono sempre stati inutili, nonostante abbiano potuto contare sulla collaborazione dei "pentiti".

Lessico contestuale

arretratezza	primitiva
successiva	che segue
unificazione	l'unità d'Italia
organizzazione feudale	organizzazione in feudi tipica del Medioevo
intermediari	mediatori
profitti	guadagni
confiscò	confiscare = espropriare
a rate	pagamento suddiviso in cifre
erano in grado	avevano la possibilità
ulteriormente	ancora di più
diritto di pascolo	diritto di fare pascolare (mangiare) le pecore nelle terre non coltivate
coltura	coltivazione della terra
concedeva	dava gratuitamente
aggiunse	aggiungere = mettere insieme

./..

reagì	reagire = contrastare - opporsi
imponendo	imporre = obbligare
indiscriminatamente	a tutti
masse	folla - gente
brigantaggio	attività dei briganti (predoni)
vistosa	eclatante - straordinaria
esasperazione	irritazione
ostilità	avversione
perseguiva	perseguire = agire per raggiungere uno scopo
impresa	organizzazione con regole precise

B. La Sicilia e la letteratura

Molti scrittori siciliani hanno descritto la realtà socio-culturale della loro terra. Tra i più conosciuti: Luigi Pirandello, Giovanni Verga, Giuseppe Tomasi di Lampedusa, Elio Vittorini e Leonardo Sciascia.
La figura di Leonardo Sciascia appare ancora fortemente presente nell'attuale dibattito culturale. Dalle sue opere emergono tematiche di primo piano, come la riflessione sul "sonno" della Sicilia che è espressione della paura dell'isola di guardare la realtà e dominarla; la malinconia per la grandezza perduta, il bisogno di giustizia, la passione per l' "avere", l'insicurezza storica, la paura del domani.
Nel "libro-testamento" *Il Cavaliere e la morte*, scritto da Sciascia nel 1988, a poca distanza dalla sua morte, l'autore rientra nel filone che parte da Verga e comprende Pirandello, Brancati e Lampedusa. Si tratta di una letteratura tipicamente siciliana che si articola intorno alla morte vista sotto varie angolature: morte come esito di intimidazioni e aggressioni del Potere, come agguato esistenziale e come mistero di verità.

☞***Dopo aver letto la breve storia della questione meridionale e tenendo conto degli accenni alla letteratura inerente la Sicilia, dite che cosa sapete in più rispetto a prima riguardo al problema della Mafia.***

☞ ***Se volete approfondire la questione meridionale e la storia della mafia, potete leggere:***

- "Breve storia dell'Italia Meridionale dall'Ottocento a oggi", Bevilacqua, P. - Placanica, A., Roma, Donzelli, 1985.
- "L'inferno. Profondo Sud, male oscuro", Bottazzi, G.F., Milano, Mondadori, 1992.
- "La Questione Meridionale", Corbino, E., 1931-1935, Milano, Garzanti.
- "Storia della mafia", Macry, P., Roma, Donzelli, 1988.
- "Mafia, politica e affari. 1943-1991", Tranfaglia, N., Roma-Bari, Laterza, 1992.

☞ ***Inoltre potete leggere le opere dei seguenti scrittori, impegnati nelle problematiche del Sud:***

Corrado Alvaro (1895-1956)
"Gente in Aspromonte" (1930); "L'età breve" (1946); "Mastrangelina" (1960); "Tutto è accaduto" (1960).

Ignazio Silone (1900-1978)
"Fontamara" (1930); "Pane e vino" (1937); "Vino e pane" (1955); "Il seme sotto la neve" (1952); "Una manciata di more" (1952); "L'avventura di un povero cristiano" (1968).

Carlo Bernari (1909-19..)
"Tre operai" (1934); "Quasi un secolo" (1940); "Vesuvio e pane" (1952).

Francesco Jovine (1902-1950)
"Le terre del Sacramento" (1950); "Signora Ava" (1942); "Il pastore sepolto" (1945).

Giuseppe Tomasi di Lampedusa (1896-1957)
"Il Gattopardo" (1958)

Leonardo Sciascia (1921-1989)
"Gli zii di Sicilia" (1956); "Il giorno della civetta" (1961); "A ciascuno il suo" (1966).

Gavino Ledda (1938-19..)
"Padre Padrone" (1975).

Grazia Deledda (1871-1936)
"Marianna Sirca" (1915); "La via del male" (1906); "Canne al vento" (1913); "Elias Portulu" (1903); "La Madre" (1920).

II. I profumi del Sud

In Sicilia, come nelle altre regioni del Sud dell'Italia e in Sardegna, a primavera si sentono degli odori molto gradevoli, inebrianti e persistenti. La natura diventa un'immensa profumeria, specialmente nella Conca d'Oro.
La Conca d'Oro è una vasta zona coltivata in gran parte ad agrumi (aranci, mandarini, limoni, bergamotti). Il profumo proviene dalle zagare che sono i fiori degli agrumi, ma altri odori provengono dalle piante aromatiche di cui è cosparso il terreno del Sud.

☞ ***Ecco l'elenco di alcune piante aromatiche, tipiche del Sud dell'Italia, che vengono utilizzate in cucina e in farmacia. Osservatele e indicate nel riquadro il numero del disegno corrispondente alla parola:***

1

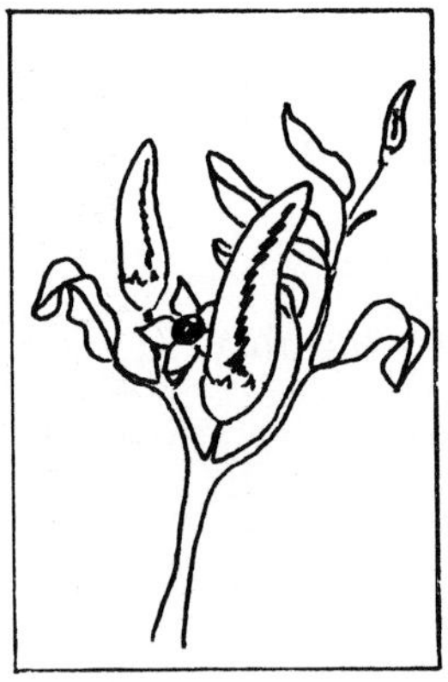

❑ **Origano**

❑ **Basilico**

3

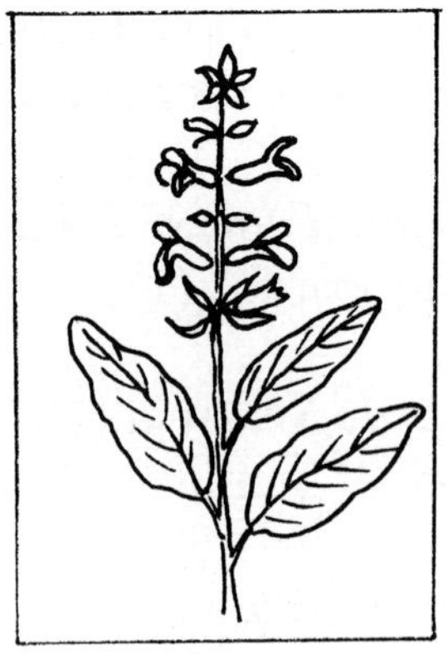

2

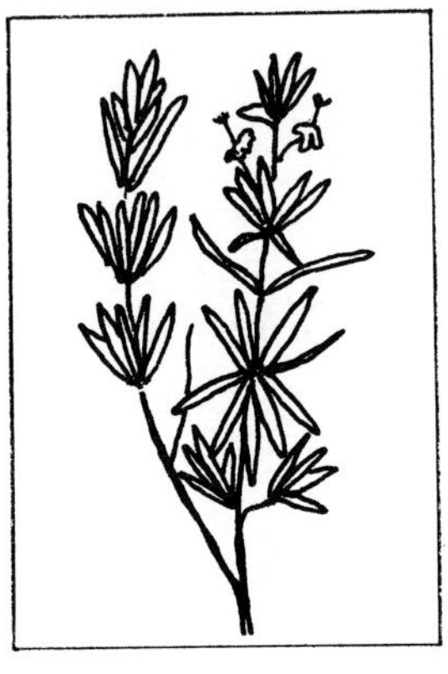

❑ **Peperoncino**

4

❑ Salvia

❑ Prezzemolo

5

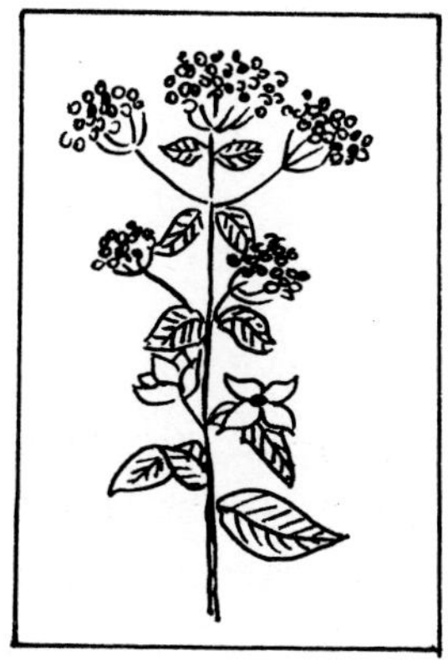

6

❑ Maggiorana

❑ Rosmarino

7

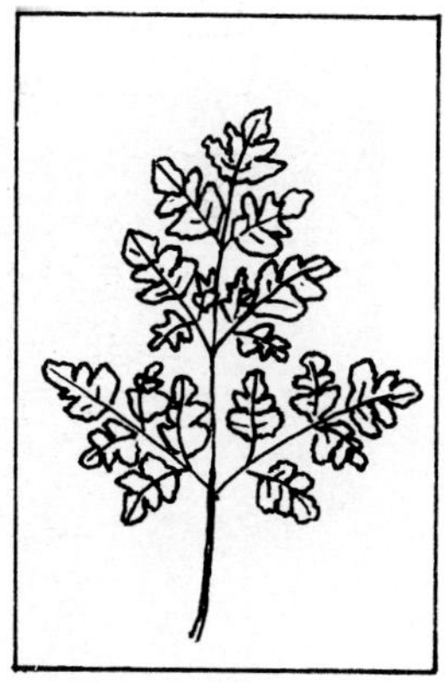

8

❑ Alloro

☞ ***Vi è mai capitato di essere stati immersi nei profumi della natura? Se sì, quali sensazioni avete provato? E collegate a quali profumi?***

In Italia i gusti olfattivi delle persone sono influenzati dal fenomeno "BOROTALCO". "Borotalco" è la più famosa marca per il talco, una polvere bianca dal profumo molto particolare. Si utilizza per la cura della pelle delicata dei bambini dalla metà dell'800 in poi. Gli adulti cercano nei profumi il ricordo della loro "infanzia".

☞ ***Ora dite quali sono i profumi da voi preferiti utilizzando i seguenti aggettivi:***

DOLCE - MUSCHIATO - SECCO - FRESCO -
CIPRIATO - MARINO - FRUTTATO - FIORITO

III. La Valle dei Templi

Tempio di Ercole. Agrigento (Foto di Peter Barstorfer-Klein)

E' una vasta zona pianeggiante ricca di rovine greche, tra cui numerosi templi.
Si possono osservare i resti del tempio di Demetra, di Giunone, della Concordia, di Ercole, di Esculapio e molti altri.
Oltre ai templi, nella valle di Agrigento ci sono resti di due necropoli: una bizantina e una ellenistico-romana.
Si può visitare anche il Museo Archeologico Regionale dove si trovano numerosi reperti legati alla storia della Sicilia.
Il periodo in cui la Valle dei Templi è più suggestiva è durante la fioritura dei mandorli, di cui è molto ricca. Alle straordinarie testimonianze del passato si unisce, così, la bellezza della natura nel massimo del suo splendore.

☞ ***Ci sono nel vostro paese zone archeologiche particolarmente interessanti? Se sì, parlatene.***

Sardegna

DATI STATISTICI

Province	Superficie (km²)	Popolazione	Densità	N°Comuni
Cagliari	6895	769165	111	109
Nuoro	7044	272752	39	100
Oristano	2631	157982	60	78
Sassari	7520	459358	61	90
SARDEGNA	**24090**	**1659257**	**68**	**377**

Leggere

Francesco, un medico di origine sarda che vive in Inghilterra, è in vacanza con sua moglie al campeggio "Isola dei Gabbiani", vicino al Golfo degli Aranci.

Angelica Senti una cosa! Il Golfo degli Aranci è molto bello, ma dove sono gli aranceti? Non li vedo!

Francesco Non puoi vederli: non ci sono. Il nome del golfo, infatti, deriva da "ranci", che in sardo significa "granchi".

Angelica Devo cercare di imparare un po' di dialetto sardo.

Francesco Guarda che non si tratta di un dialetto, ma di una vera e propria lingua che è molto simile al latino.

Angelica Il sardo è riconosciuto come lingua ufficiale, mi sembra.

Francesco Sì, in Sardegna c'è il bilinguismo. Ci sono anche premi letterari per opere in lingua sarda, riviste bilingue, gare di poeti e "cantadores" sardi. Il sardo si studia anche a scuola.

Angelica E' un fatto molto positivo. Bisogna coltivare le proprie radici e le proprie tradizioni, altrimenti si dimenticano.

Francesco La Sardegna ha delle tradizioni antichissime. Prendiamo per esempio i nuraghi, che sono monumenti preistorici...

Angelica Che funzione avevano?

Francesco Non si sa con sicurezza. Forse erano delle dimore fortificate costruite con pietre a secco, o forse delle torri di avvistamento.

Angelica Alcuni sono molto grandi.

Francesco Arrivano ad un'altezza perfino di trenta metri. In alcuni casi è stato possibile ricostruire l'esistenza di interi villaggi nuragici. Comunque di questa civiltà si sa pochissimo, anche perché non è stata trovata nessuna iscrizione.

Angelica La Sardegna ha subìto molte dominazioni straniere che però hanno colonizzato soprattutto le zone costiere.

Francesco Infatti i pastori all'interno della Sardegna sono rimasti separati dal resto del mondo.

Angelica I Sardi non sono un popolo di marinai, nonostante la Sardegna sia un'isola. E' curioso, no?

Francesco Questo è dovuto al fatto che nel Medioevo la zona costiera era infestata dalla malaria a causa delle molte paludi e delle zanzare. Perciò una gran parte della popolazione sarda viveva nell'interno della Sardegna e si dedicava alla pastorizia.

Angelica Nel Medioevo c'è stato un periodo in cui i Sardi hanno conquistato l'indipendenza, vero?

Francesco Sì, sotto Eleonora d'Arborea, che è un'eroina sarda. E' stata una grande guerriera e un'importante legislatrice. Ha perfezionato la famosa "Carta de Logu", che è rimasta in vigore in Sardegna per molti secoli. La "Carta de Logu" contiene norme di diritto penale e civile e regolamenti per disciplinare la pastorizia e proteggere l'agricoltura contro i danni provocati dal pascolo indiscriminato, contro il furto del bestiame e contro gli incendi dolosi.

Angelica E' molto attuale, allora!

Francesco Purtroppo sì. Ogni estate vengono incendiati molti boschi!

Comprendere

☞ ***Spiegate con parole vostre:***

- *Cosa significa "ranci":*
- *Che cos'è il Sardo:*
- *Che cosa sono i Nuraghi:*
- *Perché i Sardi non sono un popolo di marinai:*
- *Chi è Eleonora d'Arborea:*
- *Che cos'è la "Carta de Logu":*
- *Che cosa sono gli incendi dolosi:*

Paesaggio sardo (Foto Aldo Cari)

Conoscere

I. I Nuraghi

Sono caratteristici monumenti preistorici della Sardegna simili a piccole fortezze. Si trovano lungo la costa, presso le vie di comunicazione interne, a difesa di approdi o pascoli.
Sono costituiti generalmente da torri troncoconiche con porta ad architrave, che attraverso un corridoio dà accesso ad una camera circolare a cupola. Alcuni sono a due e anche a tre piani, altri estesi in superficie.
I nuraghi sono formati di massi rocciosi sovrapposti, tenuti insieme non da calce, ma dal peso dei blocchi.
In tutta l'isola rimangono avanzi di circa 7.000 nuraghi, fra cui notissimi sono quelli di Abbasanta, Torralba, Castelsardo, Isidi, Silanus, Nuragus e Nule.

☞ ***Dopo aver letto questo breve brano, dite se nei vostri paesi esistono resti di monumenti preistorici e quale "era" la loro funzione.***

II. "Canne al Vento"

Il testo è tratto da "Canne al Vento" (1913) di Grazia Deledda (Nuoro 1871 - Roma 1936), uno dei personaggi più famosi della Sardegna. I suoi romanzi parlano sempre della sua terra, dei pastori, delle tradizioni e della gente piena di passioni che la popola.
Il protagonista di questo testo è un uomo, di nome Efix, che parte per un viaggio.

"[...] Efix all'alba partì, lasciando il ragazzo a guardare il podere. [...] egli camminava piano perché l'anno passato aveva avuto le febbri di malaria e conservava una gran debolezza alle gambe: ogni tanto si fermava volgendosi a guardare il poderetto tutto verde fra le due muraglie di fichi d'India.
Ogni volta che se ne allontanava lo guardava così, [...] sentiva di lasciare lassù la parte migliore di se stesso, la forza che dà la solitudine, il distacco dal mondo; Efix saliva [...] Le strade erano deserte e le rocce a picco del Monte apparivano adesso come torri di marmo.
Efix si fermò davanti a un portone attiguo a quello dell'antico cimitero. Efix attornò il vasto cortile a quadrato [...] guardando se qualcuna delle sue padrone s'affacciava [...]
Una donna bassa e grossa, vestita di nero e con un fazzoletto bianco intorno al viso duro e nerastro, apparve sul balcone; si curvò, vide il servo e i suoi occhi scuri e a mandorla scintillavano di gioia [...]

☞ *Rispondete alle domande.*

1. Perché Efix si sentiva debole mentre camminava?

2. Come descrive l'autrice il podere di Efix?

3. Com'è la donna che appare al balcone?
Descrivetela nel fisico e nell'atteggiamento.

☞ *Quali di questi aggettivi descrivono meglio il carattere di Efix?*

ALLEGRO - TIMIDO - AVVENTUROSO - MALINCONICO

☞ *Dalla descrizione fatta nel testo, che impressione avete avuto della donna sarda?*
Pensate che oggi qualcosa sia cambiato nella sua condizione?

III. Da padre padrone a compagno di giochi

Gavino Ledda, nato a Siligio (Sassari) nel 1938 è l'autore di un libro molto significativo intitolato "Padre Padrone".
"Padre Padrone" è la rappresentazione della vita quotidiana di un pastore sardo e della lotta fra il padre, che impone il suo volere, e il figlio, che cerca la sua affermazione. Il padre, dopo un solo mese di scuola, lo fa smettere di frequentare le lezioni e dice alla maestra: "Saprò fare di lui un ottimo pastore capace di produrre latte, formaggio e carne. Lui non deve studiare. Ora deve pensare a crescere... Lo studio è roba da ricchi: quello è per leoni e noi non siamo che agnelli".

☞ ***Dal discorso del padre è possibile capire la situazione problematica in cui si trovano alcuni figli. Il rapporto tra padri e figli cambia secondo la condizione socio-culturale e l'ambiente.***

☞ ***Provate a descrivere la figura della "mamma" e del "papà" italiani. Come si comportano, secondo voi?***
Per saperne di più, leggete l'articolo della pagina seguente tratto da "La Repubblica" del 29-9-94.

(Foto di Maria Pia Scarpocchi)

Papà, compagno di giochi ma solo quando ha tempo

di ANNA CIRILLO

È qualcosa, nei ruoli dei genitori nei confronti dei figli, risulta cambiato. Non proprio tutto, però.

Ecco allora venire fuori dalle risposte dei ragazzini, che di solito non mentono, papà moderni che sono anche grandi scansafatiche, capaci di giocare con i figli e di spiegare le cose che non sanno, ma poco propensi a farsi carico di una serie di incombenze che restano, ancora per la gran parte, a carico della madre, figura centrale e forte della famiglia.

È lei che, anche quando lavora fuori casa, si occupa delle faccende domestiche; è lei che pulisce, lava i piatti, passa l'aspirapolvere, stira e carica la lavatrice. E il papà che fa, oltre a giocare a pallone e a sfidare i figli ai giochi elettronici? «Ripara le cose», rispondono i figlioli e, al massimo, cucina. È sempre la mamma però che accudisce i figli durante le malattie e li porta dal medico, li aiuta a scegliere i vestiti e va a parlare con gli insegnanti, dicono i bambini. Chi sono i più bravi anzi, direbbero i sociologi, i più «collaborativi»? I padri romani, è il responso della ricerca. Subito dopo vengono i papà milanesi, che però sono anche quelli che arrivano a casa più tardi la sera e sono i meno disposti a concedersi ai figli. I più negati nelle faccende domestiche sono i papà napoletani, che considerano tabù alcune attività in casa.

Se l'immagine della divisione dei ruoli in casa resta quella tradizionale e stereotipata, per quello che riguarda il potere decisionale all'interno della famiglia le risposte date dai bambini assicurano che dentro la famiglia regna molta più democrazia rispetto al passato. Oggi si tiene conto anche delle opinioni e dei desideri dei più piccoli e il massimo dell'autorità paterna – lo assicurano i piccoli intervistati – si esprime nella decisione di cambiare l'auto o di quale modello comperare.

☞ ***Dopo avere letto l'articolo, rispondete alle seguenti domande:***

1. *Com'è il papà degli anni '90?*
2. *Cosa chiedono i figli ai loro padri?*
3. *Per quale scopo è stata fatta la ricerca?*
4. *Secondo la ricerca, quali sono i compiti della mamma e quali quelli del papà all'interno della casa?*
5. *Chi sono i papà più bravi e quali quelli meno bravi in Italia?*
6. *Qual è l'atteggiamento dei genitori nei confronti dei figli?*

☞ ***Confrontate i comportamenti delle madri e dei padri italiani con quelli del vostro paese.***

Sardegna, un mare di rosa.

Rosa, il colore straordinario dei fenicotteri che hanno scelto la Sardegna per nidificare. Rosa, il colore femminile per eccellenza, come la sabbia, fine e morbida, delle sue spiagge, come le peonie, delicate e profumate, che crescono spontanee nei suoi boschi. Sardegna, una dolce isola in rosa.

Sardegna, un mare di vacanze.

REGIONE AUTONOMA DELLA SARDEGNA
Ente Sardo Industrie Turistiche
via Mameli 97, Cagliari

NUMERO VERDE 167-013153

Il "viaggio" si conclude

☞ *Dopo "aver viaggiato per l'Italia" avete sicuramente notato che ci sono molte differenze tra Nord, Sud e Centro.*
Tra le altre cose, avete anche appreso che esiste la Questione Meridionale.
Ora leggete i seguenti brani dell'articolo "I Piagnoni del Sud", tratto da "La Repubblica" del 31/07/94. In base a questo titolo, quali argomenti saranno trattati, secondo voi? Che significato potrebbe avere la parola "piagnoni"?

I piagnoni del Sud

di GIANNI CORBI

Un'antica polemica divide i «piagnoni» del Sud, sempre pronti a invocare sovvenzioni a fondo perduto, dai pragmatici imprenditori del Nord sempre meno disposti a veder dilapidati i soldi dello Stato a favore di vecchie e nuove Casse del Mezzogiorno. La polemica, che contribuì non poco alla nascita e alle fortune della Lega di Umberto Bossi, toccò il suo culmine nel 1988 quando si cominciò a parlare di una «questione settentrionale» a proposito delle risorse eccessive che il Sud avrebbe drenato a scapito delle regioni del Nord.

Cifre alla mano gli economisti «nordisti» affermavano che lo Stato aveva trasferito, a metà degli anni Ottanta, a titolo di contributi correnti, 319.000 lire al cittadino lombardo e 565.000 al cittadino della Basilicata. Gli economisti «sudisti» replicavano che si trattava di un falso clamoroso poiché non solo il divario tra il Nord e il Sud era rimasto costante ma che – dal 1975 al 1985 – il reddito unitario del Mezzogiorno era pasato dal 63 al 61 per cento rispetto a quello del Nord.

Una discussione aspra, cattiva, e certo non commendevole, fece raffiorare con prepotenza vecchi e nuovi pregiudizi etnico-razzistici [...]

Ora questa non lontana querelle appare, fortunatamente, superata e inattuale. I «piagnoni» del Sud hanno infatti smesso di piangere per mancanza d'interlocutori che possano ascoltarli. I «nordisti» sono invece soddisfatti poiché si è essiccata la fonte delle sovvenzioni facili e poiché sembra a portata di mano l'ideale di un'Italia federata sul modello svizzero dove ciascuna regione amministrerà, autonomamente, i rispettivi redditi secondo criteri e tradizioni autonome. [...]

Due questioni dovrebbero essere comunque considerate prioritarie da vecchi e nuovi meridionalisti. La prima è quella di dotare il Mezzogiorno di infrastrutture essenziali che oggi sono circa la metà di quelle esistenti nel Centro-Nord. La seconda, ancora più importante, è quella di rimanere a tutti i costi attaccati all'Europa, fare di tutto per non perdere il treno dei grandi progetti messi recentemente in cantiere dalla Cee. Solo il riequilibrio tra le due Italie all'interno del nuovo sviluppo regionale europeo potrà infatti evitare la catastrofe del Mezzogiorno.

Lessico contestuale	
polemica	controversia
sovvenzioni a fondo perduto	contributo finanziario che non deve essere restituito
pragmatici	concreti
dilapidati	sprecati
drenato	prosciugato - esaurito
a scapito	a sfavore
alla mano	in mano
replicavano	rispondevano
divario	grossa differenza
aspra	sgradevole
commendevole	lodevole - raccomandabile
riaffiorare	tornare alla superficie - tornare fuori
con prepotenza	con spirito di sopraffazione
querelle	(parola francese usata in alcuni casi anche in italiano) = litigio - questione
essiccata	esaurita
prioritarie	di immediata importanza
dotare	fornire
infrastrutture	strutture che condizionano le attività economiche
messi in cantiere	iniziati
catastrofe	fine drammatica

☞ *Dopo aver letto l'articolo:*

1. *Spiegate che cosa si intende, secondo voi, per "Questione Settentrionale".*

2. *Dite quello che pensate sia l'atteggiamento degli abitanti del Nord nei confronti di quelli del Sud e viceversa.*

3. *Individuate l'opinione del giornalista, autore dell'articolo, riguardo alle possibili soluzioni della "Questione Meridionale" e quindi di conseguenza anche della "Questione Settentrionale".*

QUANTO SIETE ENTRATI NELLA MENTALITA' ITALIANA?

Se volete saperlo mettetevi alla prova!

Nelle pagine seguenti troverete un questionario che, con l'aiuto dell'insegnante, vi farà scoprire quanto siete entrati nella mentalità italiana dopo aver "viaggiato" per l'Italia. Si tratta di individuare quali degli stereotipi (comportamenti, abitudini, tradizioni) vengono generalmente attribuiti al Nord e quali al Sud.
Parlando di Nord si escludono le zone di confine che presentano caratteristiche peculiari.
Non si fanno accenni al centro non perché non abbia una configurazione propria, ma perché sarebbe troppo complicato individuarla soprattutto per gli stranieri. Esiste inoltre un Centro-Nord con caratteristiche simili a quelle del Nord e un Centro-Sud con caratteristiche simili a quelle del Sud.
L'etichetta Sud comprende anche le isole.

☞***Nel questionario che segue vi troverete di fronte a delle scelte che potrete contrassegnare nei relativi riquadri***

MODO DI PENSARE E DI COMPORTARSI

	SUD	NORD
Senso civico ed ecologico		
* Sono poco presenti in quanto si contrappongono alla diffusa filosofia dell'arte di arrangiarsi.	❐	❐
* Esistenti, ma non sufficientemente considerati.	❐	❐
Importanza dell'istruzione e della cultura		
* L'istruzione viene considerata importante principalmente in relazione alla produttività: è fonte di potere ideologico e conseguentemente economico.	❐	❐
* L'istruzione è spesso concepita come fonte di riscatto sociale.	❐	❐
Spirito di iniziativa		
* E' diffuso specialmente in prospettiva di un ritorno economico.	❐	❐
* E' poco diffuso. Si cerca di evitare il rischio.	❐	❐
Programmazione della vita		
* Si preferisce improvvisare piuttosto che progettare. Si vive spesso alla giornata.	❐	❐
* Tutto è sempre programmato e prestabilito anche nei particolari.	❐	❐
Concetto di riposo e di stanchezza		
* I ritmi di vita frenetici vengono accettati come necessari anche se non permettono molto riposo.	❐	❐
* Il riposo ha una grande importanza. I ritmi di vita frenetici vengono rifiutati.	❐	❐
Concetto di famiglia		
* Si dà molta considerazione non solo alla famiglia nucleare e/o a quella d'origine, ma anche a quella estesa.	❐	❐
* Spesso non si conoscono i membri della famiglia estesa e si vive soprattutto entro i confini di quella nucleare.	❐	❐

	SUD	NORD
Concetto di ospitalità		
* L'ospitalità è considerata "sacra". Essere ospitati e ospitare è un diritto/dovere. L'ospite non può rifiutare ciò che gli viene offerto. Il rifiuto genera offesa.	❐	❐
* L'ospitalità è offerta ad una ristretta cerchia di persone. Il rifiuto di ciò che viene offerto non genera offesa.	❐	❐
Atteggiamento verso la superstizione		
* Si può parlare di credenze superstiziose di ritorno, di bisogno di magia intesa come evasione dalla frenesia della vita quotidiana e dalla noia della programmazione.	❐	❐
* La superstizione è diffusa soprattutto negli ambienti dove ancora regnano analfabetismo e ignoranza.	❐	❐
Atteggiamento verso il destino		
* C'è molta reattività, quindi, non si crede di solito al destino.	❐	❐
* Si crede nell'esistenza del destino. Ciò genera tendenza alla passività e alla stasi.	❐	❐

CONCEZIONE DEL PROSSIMO

Concetto di amicizia	SUD	NORD
* Nell'amicizia si è molto selettivi. Si dà confidenza gradualmente.	☐	☐
* L'amicizia costituisce un vincolo molto forte.	☐	☐
Concezione della donna		
* La donna, specialmente nelle zone rurali, gode di scarsa considerazione. Non ha rilevanza sociale.	☐	☐
* Salvo zone in cui si sta affermando il "maschilismo di ritorno", la donna ha acquisito pari dignità nei confronti dell'uomo. Lavora e ha rilievo sociale, politico ed economico.	☐	☐
Concezione dell'uomo		
* E' valutato soprattutto in base alla sua prestanza fisica e alla sua astuzia.	☐	☐
* E' stimato in particolare per la sua capacità di produrre e di emergere.	☐	☐

TRADIZIONI

Rispetto per le tradizioni	SUD	NORD
* Le tradizioni sono molto sentite.	❐	❐
* Il rispetto per le tradizioni è quasi inesistente.	❐	❐
Nomi propri di persona		
* Si preferisce chiamare i figli con i nomi dei nonni paterni.	❐	❐
* Ai figli vengono dati i nomi in base al gusto personale dei familiari.	❐	❐
Atteggiamento nei confronti della nascite		
* La nascita dei figli maschi o delle figlie femmine è posta sullo stesso piano. A volte è preferita la figlia femmina.	❐	❐
* Si festeggia solo la nascita del figlio maschio che rappresenta la forza fisica e il perpetuarsi della stirpe tramite il cognome che in Italia viene trasmesso in linea maschile.	❐	❐
Atteggiamento nei confronti della morte		
* Si piange in modo contenuto. Può piangere anche l'uomo. E' scomparsa l'abitudine di portare il lutto.	❐	❐
* Per le donne è prevista una grande esternazione del dolore. L'uomo non deve piangere. Esiste ancora l'abitudine di portare il lutto: le donne si vestono di nero e gli uomini o mettono una striscia nera al braccio o un fazzoletto nero nel taschino.	❐	❐
Atteggiamento verso i superiori		
* Verso i superiori si tiene un atteggiamento di sottomissione.	❐	❐
* Tra persone che occupano diversi ruoli sociali c'è dialogo e rispetto reciproco.	❐	❐

Matrimonio	SUD	NORD
* Non è più concepito inevitabile neppure per la donna.	❒	❒
* E' ritenuto indispensabile soprattutto per la donna che viene educata a considerarlo come consona sistemazione.	❒	❒

Atteggiamento verso i figli

* Si è più permissivi nei confronti dei figli maschi. Si è più gelosi e meno permessivi nei confronti delle femmine.	❒	❒
* I figli, maschi e femmine, sono trattati allo stesso modo.	❒	❒

COMUNICAZIONE VERBALE E NON VERBALE

Mimica e gestualità	SUD	NORD
* Il linguaggio non verbale è molto articolato e importante ai fini comunicativi. Emozioni e sentimenti vengono esternati tramite la mimica e la gestualità. Si tende ad avvicinarsi all'interlocutore e a stabilire un contatto fisico.	❐	❐
* Il linguaggio non verbale generalmente non è molto articolato. Si gesticola poco. L'espressione del volto è spesso impenetrabile. Durante la conversazione gli interlocutori mantengono una certa distanza.	❐	❐
Modo di parlare		
* Di solito si parla a voce alta. L'intonazione della frase è molto marcata.	❐	❐
* In genere si parla con un tono di voce intermedio. La frase è pronunciata con un'intonazione non molto marcata.	❐	❐

ABITUDINI ALIMENTARI

	SUD	NORD
Colazione		
* Al risveglio si beve solo caffè.	❐	❐
* Si fa colazione appena alzati. Si beve un cappuccino e si mangiano pane con marmellata o biscotti o paste dolci.	❐	❐
Pranzo		
* Si pranza circa alle 13. Si consuma molto velocemente un pasto frugale, spesso presso il luogo di lavoro.	❐	❐
* Si pranza intorno alle 15. Il pranzo, ricco ed abbondante, si consuma lentamente.	❐	❐
Cena		
* Si cena intorno alle 20 in famiglia.	❐	❐
* Si cena intorno alle 22. Il pasto è abbondante e si protrae a lungo.	❐	❐
Tipi di alimentazione		
* Si preferisce mangiare cibi tradizionali e casarecci. Si coltivano ortaggi e frutta per farne confetture e conserve in casa. Talvolta si allevano animali per mangiarne la carne ritenuta genuina. Si prediligono cibi molto conditi ed elaborati.	❐	❐
* Spesso l'alimentazione è "alternativa": si consumano cibi macrobiotici o, comunque, considerati salutari e leggeri.	❐	❐

Indice

Finito di stampare
nel mese di dicembre 1997
da Guerra guru s.r.l. - Perugia